LES RÔLES DE MA VIE

ISBN : 978-2-258-13581-9
N° d'éditeur : 1500

Retrouvez-nous sur Internet : www.horscollection.com

Hors Collection | un département place des éditeurs

Michel Galabru
Alexandre Raveleau

LES RÔLES DE MA VIE

HORS }{ COLLECTION

Avant-propos

À l'occasion de ses précédents ouvrages, de pensées en mémoires, Michel Galabru avait déjà révélé sa passion pour Sacha Guitry et Marcel Pagnol, évoqué son métier d'acteur et même écrit son autobiographie. Ce nouvel ouvrage est le fruit de plusieurs mois d'entretiens au cours desquels Michel Galabru a accepté de se livrer à un exercice inédit consistant à revenir sur l'ensemble des films, fictions, séries et pièces de théâtre auxquels il a participé depuis le début de sa carrière, soit près de trois cents projets et presque soixante-dix ans de souvenirs professionnels.

Ces fragments d'une vie d'acteur mis bout à bout forment un témoignage unique où se côtoient les plus grands noms du théâtre et du cinéma français : Louis Jouvet, Marcel Pagnol, Fernandel, Louis de Funès, Jean Vilar, Bourvil, Michel Simon, Jean-Paul Belmondo, Jean-Pierre Marielle, Romy Schneider, Jean Rochefort, Alain Delon, Jacqueline Maillan, Jean Anouilh, Ionesco,

Bertrand Tavernier, Philippe Noiret, Luc Besson, Isabelle Adjani, Claude Berri, Gérard Depardieu, Michel Serrault, Bernadette Lafont et tant d'autres dont les noms scintillent pour toujours au firmament du septième art. Avec sa franchise, sa verve méridionale, ses doutes et sa profonde humilité, Michel Galabru ne s'est refusé à aucun sujet, pas même le plus personnel.

Les derniers titres des années 2000 n'apparaissent malheureusement pas tous dans les pages de cet ouvrage. Un nouvel entretien avec Michel Galabru aurait dû avoir lieu au début de cette année 2016, au cours duquel nous serions revenus sur ses derniers succès, en particulier la version théâtrale des *Lettres de mon moulin*, ou *Jofroi* et *Le Cancre*, des spectacles qu'il a joués à Paris et partout en France jusqu'à l'automne. Dans la nuit du 4 janvier, il a rejoint les « copains », laissant derrière lui les souvenirs de personnages incontournables, pittoresques, familiers et exigeants, les « rôles de sa vie ».

« J'ai voulu être comme lui »

Une passion pour Sacha Guitry

À l'école, j'étais un cancre. Je ne faisais rien en classe et les études ne m'intéressaient pas, à l'exception toutefois de l'histoire. Et encore… pas toutes les époques ! Je n'avais qu'une seule idée en tête : être footballeur professionnel. J'allais même jusqu'à devenir Michel « Zeller » et inventer mes propres commentaires ! L'univers de la culture, du théâtre et des arts n'avait encore rien à voir avec ma vie, du Maroc de ma naissance jusqu'au Havre, la ville dans laquelle mon père, ingénieur des Ponts et chaussées, avait pris ses nouvelles fonctions.

Ma première rencontre avec Sacha Guitry a eu lieu chez ma tante au Bousquet-d'Orb, ce petit village de l'Hérault dont était originaire ma mère et où nous passions toutes nos vacances. Dans ce coin du bassin de Graissessac, il n'y avait pratiquement rien à cette époque, tout juste un cinéma, qui n'ouvrait de toute façon que le samedi. Quand Marguerite, la bonne, disait : « Oh ! ce qu'on joue ce samedi, c'est bête ! », mon frère et moi étions sûrs que c'était un bon film ! J'avais alors une quinzaine d'années.

Assez curieusement, ma tante avait une passion pour le théâtre. Elle possédait les disques des classiques dits par des acteurs de la Comédie-Française. Elle avait bien vu que j'avais l'air de m'ennuyer à longueur de journée, alors elle me les a donnés pour que je les écoute – ils sont toujours en ma possession. Dans le lot, il y avait aussi les *Mémoires* de Sacha Guitry. Je n'ai pas été long à noter que ce type avait redoublé douze fois sa sixième. Ce détail m'a enchanté au plus haut point ! Son père, lui-même comédien, avait dit à l'un des professeurs :

« Si vous n'êtes pas content de lui, renvoyez-le !

— Oui, avait répondu le proviseur, mais il faudrait d'abord qu'il entre ! »

Dès lors, je me suis littéralement pris de passion pour Sacha Guitry. Tout ce qu'il disait, tout ce qu'il faisait me fascinait. Dans ses *Mémoires*, il parlait aussi bien de Molière ou de théâtre en général que de musiciens célèbres. Dès qu'il citait un écrivain, je m'empressais de le lire. J'ai rapidement vu *Ceux de chez nous* (1915), un reportage qu'il avait réalisé à 19 ans. Sur l'écran se succédaient Sarah Bernhardt, son père Lucien Guitry, mais également Rodin en train de sculpter ou Saint-Saëns dirigeant un orchestre… Sacha Guitry m'a donné le goût de la littérature et du théâtre.

Puis je suis monté d'un cran dans mon idolâtrie en essayant de lui ressembler physiquement, comme peuvent le faire les fans de Johnny Hallyday ou de Claude François. J'ai même été jusqu'à porter deux grosses bagues comme lui, sauf que les miennes étaient en cuivre. Elles déteignaient sur mes doigts… À cette époque, je n'avais pas un franc.

« Ce petit est fou »

Premiers rôles au cinéma (1948-1949)

Après la guerre, je suis « monté à Paris », selon l'expression consacrée, et ce contre l'avis de mes parents, qui ne comprenaient pas mon rêve et ne me donnaient aucune chance de réussir. Cette situation, totalement inédite pour eux, les effrayait d'autant plus que mon frère, lui, avait pris la route plus respectable des études de médecine.

« Ce petit est fou », répétaient-ils à mon sujet.

À cette époque, devenir comédien paraissait un projet insensé, contrairement à aujourd'hui où il semble beaucoup plus banal. L'univers des vedettes de cinéma était auréolé d'un halo très particulier, comme si ces personnages avaient été promis à une destinée hors du commun qui les rendait intouchables. Depuis ma province de Montpellier où nous nous étions installés entre-temps, j'étais comme la midinette qui rêve d'être une star. C'était idiot. Alors mes parents se sont mis d'accord pour me couper les vivres, pensant que cela m'inciterait à revenir plus vite à la maison et à rentrer dans le droit chemin.

Arrivé à la capitale, j'ai enchaîné les petits boulots pour joindre les deux bouts : laveur de carreaux, vendeur de calendriers au porte-à-porte... Peu à peu, je me suis rapproché du théâtre, puisque je me suis retrouvé à contrôler les tickets d'entrée au Palais de Chaillot. Ce n'était pas grand-chose, mais ces expériences me permettaient de survivre. À Paris, j'ai surtout retrouvé Jean Pignol, un bon camarade de classe de Montpellier. Il avait fait le même voyage avant moi. À ma grande stupéfaction, il s'était inscrit dans un cours de théâtre, celui de Denis d'Inès, le doyen de la Comédie-Française. Je le revois encore, quelques années plus tôt, me demander ce que je me verrais bien faire comme métier. Naturellement, je lui avais répondu : « Comédien. » Comme mes parents, il n'y avait pas cru.

« Tu finiras plutôt balayeur ! » avait-il plaisanté alors que nous passions devant un cinéma.

Le temps avait passé, et Pignol a eu la gentillesse de parler de moi dans son cours. Je me suis donc rendu à mon tour chez Denis d'Inès. Mes ambitions restaient très mesurées dans un premier temps. J'avais fini par comprendre que je ne serais jamais vraiment Sacha Guitry. J'ai eu l'idée d'aller me poster à la sortie de la Comédie-Française pour observer les acteurs. Sur place, je me suis rendu à l'évidence en comparant leur allure à la mienne :

« Je ne peux pas y arriver », me suis-je dit alors.

Mais j'ai repris mon chemin et me suis rabattu sur le théâtre du Gymnase, situé sur les grands boulevards.

Devant l'entrée se tenait un acteur. En le regardant fixement, je me suis fait la réflexion :

« Là, je peux y arriver. Je peux être au Gymnase ! »

Le comédien en question, c'était Philippe Rolla.

Pendant toute cette période, Jean Pignol m'a initié. Grâce à lui, j'ai été engagé comme figurant sur *La Bataille du feu*, histoire de gagner un peu d'argent de poche. Son père avait une certaine influence, et le réalisateur, Maurice de Canonge, était un ami de la famille. Il n'en demeure pas moins que ce premier film reste très mauvais. J'apparais fugacement dans l'habit d'un pompier et rien de plus. Il fallait rapidement que je fasse mes preuves autrement pour réussir l'examen d'entrée du Conservatoire.

La Bataille du feu (Les Joyeux Conscrits)
Réalisateur : Maurice de Canonge.
Scénario et dialogues : Jacques Companéez et Norbert Carbonnaux.
Sortie française : 24 avril 1949.
Avec Pierre Larquey (Pascal Brignoux), Louis Florencie (le commissaire), Nicole Maurey (Anne-Marie), Noëlle Norman (Lulu)…
Résumé. – Le quotidien de sapeurs-pompiers de village et d'une caserne parisienne, entre exploits et scènes de camaraderie.

« Qu'est-ce que la prostate ? C'est pisser comme tu parles »

Au Conservatoire, avec Louis Jouvet

Louis Jouvet a été mon professeur de la classe d'ensemble au Conservatoire. Ce très grand bonhomme avait une chose que les comédiens n'ont plus, c'est-à-dire une musique dans la voix. Pourquoi n'y a-t-il plus, de nos jours, d'acteurs dotés de ces émissions vocales si spécifiques ? Nul ne le sait vraiment et je le regrette.

À l'origine, Jouvet bégayait, et de cette anomalie de prononciation est née sa signature. Aujourd'hui encore, personne n'a oublié sa musicalité, à la fois très drôle et d'une inventivité extraordinaire. Je me souviens encore de cette jeune et très jolie fille qui passait une scène du *Psyché* de Molière pendant un cours.

« Où suis-je ? » avait-elle lancé sur un ton lancinant.

Et Jouvet de répondre du fond de la salle :

« Au Conservatoire… Et pas pour longtemps ! »

Il y a eu aussi cette discussion au bistrot entre Jouvet et un autre type, qui lui parlait de ses soucis de prostate, le tout en bégayant. Jouvet lui a expliqué la situation avec cette repartie assassine :

« Qu'est-ce que la prostate ? C'est pisser comme tu parles. »

Cet homme aimait les acteurs qui n'avaient pas besoin de mille artifices pour obtenir l'effet escompté. Pour lui, le texte devait suffire. Sans réellement me connaître, il avait pour moi une certaine estime, d'après ce qui m'avait été rapporté par un copain. Lors d'un concours, j'avais accepté de donner la réplique à une camarade dans une scène de *George Dandin*. Je n'avais que quelques mots à prononcer, mais il avait jugé que ma voix percutait. En croisant ce copain, il lui avait demandé mon nom, avant de commenter :

« Celui-là, il est direct ! »

Je me gargarise encore de ces mots.

Bien plus tard, j'ai joué dans *Intermezzo* dans une mise en scène de Michel Etcheverry à Lyon. Louis Jouvet avait créé cette pièce de Giraudoux au début des années 1930.

> *Intermezzo*
> Auteur : Jean Giraudoux.
> Metteur en scène : Michel Etcheverry.
> Création : 17 juin 1967 au théâtre romain de Fourvière.
> Avec Robert Bazil (le maire), Michel Etcheverry (le droguiste), Michèle Grellier (Isabelle), Jacques Toja (le contrôleur), Michel Galabru (l'inspecteur), Janine Ferrare (Armande)…

Commentaire. – *Intermezzo* a été créé en 1933 à la Comédie des Champs-Élysées, dans une mise en scène de Louis Jouvet. Dans la distribution originale, le rôle de l'inspecteur était tenu par Félix Oudart.

« Il n'y avait qu'une solution pour attirer l'attention : le rire »

Au Conservatoire et *Dernière Heure, édition spéciale* (1949)

Durant ces années de Conservatoire, nous avons travaillé de très nombreuses œuvres classiques, de Molière en particulier. Aborder tous ces textes à longueur de journée peut paraître ardu, mais rien ne constituait un obstacle pour nous, en ce sens où nous aimions tous le théâtre plus fort que tout. Personnellement, je suis devenu complètement fasciné par *Les Fourberies de Scapin*, bien qu'on ne m'ait jamais permis de jouer Scapin, au motif que ce n'était prétendument pas mon emploi. Ce rôle ne m'a été offert que par moi-même, quand je me suis payé mes propres spectacles ! Il y a un autre personnage que je regrette de n'avoir jamais pu jouer sur scène : Cyrano de Bergerac. J'avais pourtant un pif, sans doute l'unique comédien à Paris à en avoir un au bon format, et tout le bagage pour l'interpréter. Je suis le seul à qui on a toujours donné, et j'en suis encore désespéré, le rôle du cuisinier…

Comme je n'étais pas franchement beau, il n'y avait guère qu'une solution pour attirer l'attention : le rire. C'est d'ailleurs grâce à cela que j'ai obtenu mon premier prix du Conservatoire. J'ai entendu la salle rire énormément. Aujourd'hui encore, je trouve merveilleux d'amuser les spectateurs. Mais je reste lucide : il y aura toujours des gens qui ne m'aimeront pas. À tort ou à raison ? Ce qui est certain, c'est qu'à leurs yeux je ne suis pas drôle. Il existe donc bien une catégorie de personnes insensibles à mon comique. De toute façon, nul n'est parfait !

À ma sortie, à l'épreuve moderne, j'ai concouru plus précisément sur *Les Mentons bleus* de Courteline. Pour les maîtres du Conservatoire, le moderne s'arrêtait à peu près en 1900... En ce temps-là, hors de question d'imaginer jouer Anouilh !

Après *La Bataille du feu*, mon ami Pignol m'a obtenu mon premier véritable petit rôle au cinéma par le biais du même Maurice de Canonge, au générique de *Dernière Heure, édition spéciale*. Je n'avais qu'une scène grotesque à jouer, interprétant un concierge le temps d'un plan, avec deux mots à dire. Inutile de préciser que je ne savais pas du tout comment devait se dérouler le tournage. Sur le plateau, la présence de Paul Meurisse m'intimidait. Quelle bêtise et quelle innocence ! En réalité, tous les humains se ressemblent, et chez les vedettes comme partout se côtoient des imbéciles et des braves gens. Être connu ne signifie pas que l'on est mieux ou pire que les autres. Lorsque je suis devenu un peu connu à mon tour, j'ai bien constaté que j'étais toujours aussi con qu'avant. Rien n'avait changé. Paul Meurisse, quant à lui, avait beaucoup de classe et d'humour.

Quelques années plus tard, nous avons été partenaires dans *Les Nouveaux Aristocrates* de Francis Rigaud, d'après le roman de Michel de Saint-Pierre. J'ai pu constater que derrière la vedette se trouvait un être exquis. Nous tournions dans un collège de jésuites et je tenais le rôle d'un prêtre-professeur. Pour les besoins de la production, un ecclésiastique faisait office de conseiller technique auprès de nous. Un jour, ce dernier avait jugé que je n'étais pas assez sévère envers les élèves dans mes scènes. Il m'a fait quelques commentaires en ce sens pendant que les techniciens préparaient le plateau. Après notre remise au point, Paul Meurisse, qui nous avait observés depuis le début de l'échange, m'a dit d'un air amusé :

« Mais pourquoi écoutes-tu ce con ? Tu n'as pas vu que c'était le diable ? Regarde ses oreilles ! »

Et c'était vrai, il avait des oreilles pointues !

Les Mentons bleus
Auteurs : Georges Courteline et Dominique Bonnaud.
Metteur en scène : Georges Chamarat.
Création : 15 septembre 1950 à la Comédie-Française.
Avec Georges Chamarat (monsieur Réfléchi), Michel Galabru (Rapétaux), Renée Byr (la caissière), Jean-Louis Le Goff (Émile)...

Résumé. – Dans un café, le comédien Rapétaux évoque sa carrière à monsieur Réfléchi, bientôt rejoint par Rondouille. De querelles en souvenirs, les deux comédiens se livrent un dialogue sans concession.

Commentaire. – Après la Comédie-Française, Michel Galabru a repris plusieurs fois *Les Mentons bleus*, sur scène et à la télévision. Le 14 juillet 1979, au cours d'une soirée « Spéciale Courteline » sur Antenne 2, il partageait la scène du théâtre de l'Atelier avec Pierre Gallon, Micheline Dax, Jacques Rosny et Jean-Pierre Darras, pour *Les Boulingrin* et *Les Mentons bleus*.

Dernière Heure, édition spéciale

Réalisateur : Maurice de Canonge.

Scénario et dialogues : Jacques Companéez et Michel Duran, d'après l'œuvre de Maurice Level.

Sortie française : 30 septembre 1949.

Avec Paul Meurisse (Dominique Coche), Odette Joyeux (Andrée Coche), Marguerite Pierry (Carine), Léo Lapara (Alex Grive)...

Résumé. – Lorsqu'un journaliste du « courrier du cœur » décide de travestir la vérité pour se rendre coupable d'un meurtre et éblouir sa femme, les conséquences peuvent être fâcheuses.

Commentaire. – Michel Galabru est monsieur Mercier, le réceptionniste de l'hôtel. Ce rôle n'est pas crédité au générique.

Les Nouveaux Aristocrates

Réalisateur : Francis Rigaud.

Scénario et dialogues : Jacques Vilfrid et Michel de Saint-Pierre.

Sortie française : 13 décembre 1961.

Avec Paul Meurisse (le père Philippe de Maubrun), Charles Belmont (Denis Prûlé-Rousseau), Maria Mauban (Élisabeth Prûlé-Rousseau), Michel Galabru (le père Menuzzi), Mireille Darc (Milou Rivoire), Yves Vincent (Pierre Prûlé-Rousseau)…

Résumé. – Au collège catholique de Versailles, Denis Prûlé-Rousseau n'accepte pas que le successeur de son professeur soit le père de Maubrun, un jésuite. L'adolescent rebelle, fils de docteur, appelle ses camarades à la contestation.

Commentaire. – Francis Rigaud et Michel Galabru ont tourné deux autres films ensemble : *Nous irons à Deauville* (1962) et *Les Baratineurs* (1965).

« J'ai démissionné parce qu'on tardait à me nommer sociétaire »

À la Comédie-Française (1950-1957)

Othello a été ma première apparition au Français, dans une mise en scène de Jean Meyer. Je n'avais pas grand-chose à dire, mais je n'ai pas pu le dire… J'ai eu un trou de mémoire énorme ! En définitive, j'ai passé sept ans à la Comédie-Française et puis j'ai démissionné parce que le comité d'administration tardait à me nommer sociétaire. Je crois que la décision revient directement à Meyer qui considérait que j'avais certes du talent, mais un défaut trop troublant à ses yeux : je ne jouais pas toujours de la même façon. J'ai estimé qu'on se foutait de ma gueule.

Avec le recul des années, je revendique avoir eu le bonheur et le malheur d'obtenir un premier prix au Conservatoire. Le bonheur d'abord, car il m'a ouvert les portes du Français et la promesse d'une situation convenable, si importante aux yeux de mes parents. Le malheur ensuite, parce que la Comédie-Française signifiait le noir complet pour un comédien. Personne ne me connaissait, puisque tous les noms étaient inscrits en tout petit sur les affiches, insignifiants, comme si c'était fait exprès. Pendant que je piétinais, je voyais passer devant moi des comédiens de ma génération qui remplissaient les théâtres sur les boulevards. Conséquence amusante, ou fâcheuse suivant la position dans laquelle vous vous trouvez, lorsque était donnée une soirée de gala au Français, mes copains du Conservatoire, qui avaient eu la chance d'être un peu connus grâce aux boulevards et au cinéma, étaient installés aux bonnes places du parterre. Ma femme et moi, nous étions renvoyés jusqu'au pigeonnier ! Cette situation montre bien le respect qu'ils avaient pour les pensionnaires comme moi. Au bout d'un moment, j'en étais donc arrivé à un paradoxe, me disant que j'aurais peut-être préféré ne pas avoir le premier prix et sortir du Conservatoire pour aller faire directement du cinéma et être reconnu. Dans notre métier, la célébrité est un atout très important pour durer. Elle vous donne une force pour ne pas être à la merci des metteurs en scène et des producteurs, ou des projets sans lendemain. Inconnu, vous restez définitivement mal payé ou, pire, vous êtes renvoyé sans préavis.

La situation commençait à joyeusement m'énerver. Et puis, j'ai lu un article dans *Paris Presse* qui disait en substance : « Les premiers prix ne veulent rien dire. Qui se souvient encore du premier prix de Michel Galabru ? »

Là, j'ai su que ça sentait mauvais. Alors, au terme de ma septième année, je suis parti. Ma démission a été courageuse. Je suis parti sans rien et sans aucune relation.

Tout au long de ce septennat, j'ai plus été spectateur du fonctionnement de la Comédie-Française qu'acteur de son système, au demeurant très dur. Tous les ans, le comité d'administration était renouvelé au moment des fêtes. Il était composé de six membres : trois sociétaires choisis par le ministre (souvent les favoris de l'administrateur) et trois autres désignés par l'assemblée des sociétaires. Ce comité (les six membres et l'administrateur) allait gérer la Comédie-Française pendant un an, d'un Noël à l'autre. Il avait notamment le pouvoir de mettre à la retraite certains sociétaires, car lorsque vous aviez fait vingt ans de maison, vous pouviez être contraint à la sortie, et à n'importe quel âge. Tout le monde avait donc intérêt à être bien vu de l'ensemble des membres du comité, qui changeait tous les ans... Le manège des alliances tournait à plein régime, passionnant à observer, avec ses intrigues et ses rapprochements, et toujours en mouvement.

Malgré tout, la Comédie-Française n'a pas eu que des mauvais côtés. Bien que regrettant de n'avoir été qu'un « petit » pensionnaire, trop souvent abonné à ouvrir les portes, j'ai aussi eu la chance de rencontrer de grands auteurs comme Claudel ou Gide et de travailler sous la direction de Jules Romains, pour la création de *Donogoo*. Le talent des gens comme lui se perçoit immédiatement.

Othello

Auteur : William Shakespeare.

Metteur en scène : Jean Meyer.

Création : 11 janvier 1950 à la Comédie-Française.

Avec Maurice Chambreuil (Brabantio), Jean Debucourt (Iago), Jean Meyer (Rodrigo), Renée Faure (Desdémone), Jean Chevrier (Cassio), Aimé Clariond (Othello), Jean Piat (le gentilhomme), Jeanne Moreau (Bianca)...

Commentaire. – Michel Galabru a repris le rôle du Bouffon le 17 octobre 1950, à la place de Teddy Bilis.

Donogoo

Auteur : Jules Romains.

Metteur en scène : Jean Meyer.

Création : 9 novembre 1951 à la Comédie-Française.

Avec Jean Debucourt (monsieur Le Trouhadec), Julien Bertheau (le petit brun), Louis Seigner (Margajat), Jean Meyer (Lamendin), Michel Galabru (Bénin)...

Résumé. – Dans son ouvrage le plus célèbre, monsieur Le Trouhadec a fait référence à la ville de Donogoo. Sauf qu'elle n'a jamais existé. Pour lui permettre d'entrer à l'Académie, le géographe doit donner vie au fruit de son imagination.

« Elle ne savait pas que j'allais quitter la Comédie-Française, et moi non plus »

La Reine morte, tournées internationales et *La Seconde Surprise de l'amour*

Au Français, le rôle que j'ai le plus interprété est celui du maître d'armes dans *Le Bourgeois gentilhomme*. Jean Meyer avait monté le classique de Molière dans des décors de Suzanne Lalique, avec un monsieur Jourdain absolument merveilleux en la personne de Louis Seigner. Je n'avais qu'un rôle épisodique, mais il m'a permis de faire le tour de la planète. La Comédie-Française partait régulièrement en tournée internationale, embarquant pensionnaires et sociétaires pour l'autre bout du monde. Nous avons voyagé jusqu'en Amérique du Sud avec ce spectacle. Nous voyagions en bateau et la traversée durait déjà une vingtaine de jours ! Sur place, nous avons joué dans des villes aussi importantes que Buenos Aires, et en français dans le texte. Hasard des temps, notre troupe a aussi présenté *La Reine morte* dans la capitale argentine, alors qu'Eva Perón agonisait. À son décès, son corps a été embaumé et exposé au peuple dans une vitrine. Avec toute la troupe, j'ai défilé devant ce corps avant de découvrir en ressortant des couronnes de fleurs qui montaient jusqu'au deuxième étage. Cet événement a bloqué tout le pays, retardant jusqu'à notre départ pour le Chili où devait se poursuivre notre tournée.

Malgré cette aura internationale, la Comédie-Française faisait déjà l'objet de moqueries, en particulier à cause du jeu de ses aînés. L'interprétation était pourtant magnifique, intacte, telles ces voix qui avaient rythmé mes soirées d'adolescent grâce aux vieux disques de ma tante. Une tragédie de Racine ou de Shakespeare ne peut pas être jouée comme une pièce de boulevard, même dramatique. Le théâtre classique tend vers l'opéra et le comédien se rapproche du chanteur. Au-delà du phrasé, les textes sont parfois inscrits dans une musicalité à respecter à la lettre. J'ai toujours chez moi une version de *Britannicus* absolument extraordinaire, avec monsieur Jean Hervé dans le rôle principal. Et lorsque j'ai vu *Cinna* pour la première fois, j'ai cru que la Rome antique pénétrait sur scène tellement nous plongions dans l'univers de ces géants.

En conséquence, les cinéastes se méfiaient déjà beaucoup des pensionnaires et des sociétaires du Français, car ils pensaient, à tort, que nous n'étions pas capables de parler « normalement » devant leur caméra.

Mon dernier spectacle à la Comédie-Française s'intitule *La Seconde Surprise de l'amour*, mis en scène par Hélène

Perdrière. Un jour, elle est venue dans ma loge et m'a apporté le texte de la pièce de Marivaux. Elle a eu un geste magnifique envers moi :

« Choisissez votre rôle », m'a-t-elle dit.

Pour une fois, je ne me suis pas gouré. J'ai choisi un bon personnage, Lubin. Elle ne savait pas encore que j'allais quitter la Comédie-Française peu de temps après, et moi non plus.

Le Bourgeois gentilhomme
Auteur : Molière.
Metteur en scène : Jean Meyer.
Création : 14 juin 1951 au Festival de Strasbourg.
Avec Louis Seigner (monsieur Jourdain), Andrée de Chauveron (madame Jourdain), Jeanne Moreau (Lucile), Jean Piat (Cléonte), Jean Meyer (Covielle), Michel Galabru (le maître d'armes), Robert Hirsch (le maître de musique), Jacques Charon (le maître à danser), Robert Manuel (le maître tailleur)...
Résumé. – Bourgeois désireux de s'élever à la condition de « gentilhomme », monsieur Jourdain se lance dans l'apprentissage des armes, de la danse et de la philosophie. Il courtise Dorimène et refuse le mariage de sa fille Lucille avec Cléonte.
Commentaire. – Maître d'armes de 1951 à 1956 à la Comédie-Française, Michel Galabru a endossé le costume de monsieur Jourdain dans le film de Roger Coggio en 1982 (avec Rosy Varte et Frank David), puis en 1987 dans la mise en scène de Jérôme Savary.

La Reine morte
Auteur : Henry de Montherlant.
Metteur en scène : Pierre Dux.
Reprise : à partir du 13 juin 1952 à la Comédie-Française (création le 8 décembre 1942).
Avec Maurice Escande (le roi Ferrante), Jean Meyer (le grand amiral et prince de la mer), Jacques Charon (Egas Coelho), Robert Manuel (Alvar Gonçalvès), Robert Hirsch (l'infant de Navarre), Michel Galabru (Don Manoël Ocayo et le capitaine Bathala), Hélène Perdrière (Inès de Castro), Renée Faure (l'infante), Jacques Clancy (Don Pedro)...

La Seconde Surprise de l'amour
Auteur : Marivaux.
Metteur en scène : Hélène Perdrière.
Création : 11 février 1957 à la Comédie-Française.
Avec Jacques Charon (Hortensius), André Falcon (le comte), Michel Galabru (Lubin), Georges Descrières (le chevalier), Hélène Perdrière (la marquise), Yvonne Gaudeau (Lisette)...
Résumé. – La marquise se dit inconsolable de la perte de son époux. Des lectures de Sénèque par Hortensius aux visites du comte et du chevalier, amis du défunt mari, elle va découvrir la seconde surprise de l'amour par le biais de Lisette, sa suivante.

À la Comédie-Française, Michel Galabru a interprété de nombreux autres rôles, parmi lesquels Bridet dans *La Robe rouge* (Eugène Brieux), Lagrenaille dans *Le commissaire est bon enfant* (Georges Courteline), Soldignac dans *Le Dindon* (Georges Feydeau), Fabontrain dans *Madame Sans-Gêne* (Victorien Sardou) ou le souffleur dans *Six Personnages en quête d'auteur* (Luigi Pirandello). Il a également joué à l'affiche de *La Coupe enchantée*, *Le Voyage à Biarritz*, *Sganarelle*, *Comme il vous plaira*, *Les Précieuses ridicules*, *L'École des maris*, *Les Fourberies de Scapin* et *La Folle Journée ou le mariage de Figaro* au cours des sept années où il fut pensionnaire.

« J'ai demandé le crack du Conservatoire »

Marielle, Rochefort et Belmondo

De toute cette époque au Français, j'ai conservé de bons copains : Jacques Charron, Robert Hirsch et Jean-Paul Roussillon. Nous étions toujours fourrés ensemble. Il y avait le camp des homos et celui des hétéros, mais tout cela n'avait déjà plus aucune importance, même à la Comédie-Française. Nous avons toujours eu plaisir à nous retrouver en scène et au cinéma tout au long de nos carrières respectives. Ces années m'ont également permis de découvrir une équipe de jeunes talents qui faisait ses classes au Conservatoire.

En marge des productions parisiennes du Français, j'avais eu l'envie de monter une petite troupe pour faire la tournée des patronages, avec les pièces du répertoire. Pour mener à bien ce projet, j'avais demandé à des camarades :

« Envoyez-moi le crack du Conservatoire.

— Tu veux le crack des élèves ou des professeurs ? », m'avait-on répondu.

Dans ce petit groupe constitué autour de moi figuraient Jean-Pierre Marielle, un monument d'humour sinistre, Jean Rochefort, qui avait déjà beaucoup de classe, et Jean-Paul Belmondo. À Rouen, un curé m'avait soufflé en aparté :

« C'est très bien ce que vous faites, mais c'est un peu cher ! »

Aujourd'hui, déplacer cette troupe vaudrait une fortune, mon père ! Je me souviens encore de Jean-Paul Belmondo, éternellement détendu, qui, dans les coulisses de *George Dandin*, à la fin du deuxième acte, repartait pour sa loge.

« Ah bon, il y a un troisième acte ? »

Malheureusement, nous n'avons pas pu jouer autant de spectacles que nous aurions voulu. J'avais mes obligations auprès du Français. J'ai conservé précieusement le programme de l'un de nos spectacles, une pièce de collection.

Puisque cinéma et Comédie-Française n'allaient pas de pair, mes apparitions dans les films se sont limitées à très peu de titres jusqu'à mon départ : *Ma femme, ma vache et moi*, *Les Lettres de mon moulin* et *Trois de la Canebière*. Dans cette adaptation de la célèbre opérette marseillaise de Vincent Scotto, Maurice de Canonge m'avait confié cette fois un vrai personnage de premier plan. Face au grand Marcel Merkès et au non moins populaire Henri Génès, je ne chantais pas, mais je me travestissais en tante Clarisse. Bien des années avant *La Cage aux folles*, la situation faisait beaucoup rire mon oncle pharmacien !

Pendant ce tournage, ma femme et moi nous étions installés à Marseille. Marcel Merkès avait loué une petite barque et me proposait de le rejoindre pour aller à la pêche, mais mon épouse n'a jamais voulu que j'y aille... Merkès et Génès remplissaient les théâtres et les music-halls, et pourtant leurs noms se sont effacés peu à peu, comme tombés malheureusement dans l'oubli.

Ma femme, ma vache et moi
Réalisateur : Jean Devaivre.
Scénario et dialogues : Gérard Carlier et André Tabet.
Avec Erminio Maccario (Mario), Irène Corday (Marinette), Michel Galabru (l'agent de police)...
Sortie française : 8 mai 1952.

Trois de la Canebière
Réalisateur : Maurice de Canonge.
Scénario et dialogues : André Cerf et Julienne Saint-Gimiez, d'après l'opérette de Vincent Scotto, René Sarvil et Henri Alibert.
Sortie française : 21 décembre 1955.
Avec Marcel Merkès (Toinet), Colette Deréal (Francine), Henri Génès (Girelle), Mischa Auer (Garopoulos), Michel Galabru (Pénible), Colette Ripert (Malou)...
Résumé. – Toinet et Girelle sont deux pêcheurs à Marseille qui comptent bien éblouir Francine et Malou en se présentant comme de riches hommes d'affaires. Les deux jeunes fleuristes jouent quant à elles aux stars de cinéma.

Commentaire. – *Un de la Canebière* a été créé à Lyon le 1er octobre 1935 au théâtre des Célestins. Une première adaptation au cinéma de l'opérette a été produite en 1938, avec Henri Alibert et Rellys. En 1958, Marcel Merkès, Henri Génès et Maurice de Canonge ont tourné *Trois de la marine*, toujours sur une musique de Vincent Scotto.

« Autant refaire un Rembrandt ! »

Marcel Pagnol, *Les Lettres de mon moulin* (1954), *La Femme du boulanger* (1985)

Les œuvres de Marcel Pagnol, et plus particulièrement *La Femme du boulanger*, appartiennent aux classiques que nous écoutions dans ma jeunesse sur le phonographe familial à la nuit tombée. J'ai grandi avec la voix de l'immense Raimu. Au milieu des années 1950, je dois ma première rencontre avec Pagnol et mon rôle dans *Les Lettres de mon moulin* à une camarade du Conservatoire, Pierrette Bruno. Tout acteur de la Comédie-Française que je fusse, je n'avais dans ce film qu'une petite scène et quelques mots à dire, soit une seule journée de tournage. Le mistral en a décidé autrement. J'ai mis dix jours à faire ma partie à cause de ce vent qui soufflait trop fort et rendait le tournage impossible. Parmi les figurants, un retraité du cru m'a glissé cette phrase que je me rappellerai toujours :

« Monsieur, le vent est notre meilleur syndicat. »

Il avait raison. Ma présence n'était requise que pour deux heures d'affilée, tout au plus : je suis resté plus d'une semaine, tous frais payés.

Pendant ce tournage, Marcel Pagnol m'a fait une forte impression. Il était à la fois extrêmement accessible, fin et intelligent – bien qu'il soit inutile de le préciser. Nous déjeunions pratiquement tous les jours ensemble, puis il m'embarquait dans sa voiture pour faire du repérage dans la région.

Quelque temps après ces *Lettres de mon moulin*, Pagnol m'a prié de venir chez lui, dans sa résidence de l'avenue Foch, dans les beaux quartiers de Paris, sans m'informer de la raison de cette convocation. La porte s'ouvre et il me reçoit en robe d'intérieur. Au bout d'un certain moment, après les amabilités d'usage, il me lance :

« Je veux remonter *La Femme du boulanger*, cette fois-ci au théâtre, et je vous voudrais comme interprète. »

D'un seul coup, l'affolement me gagne. J'entends la voix de Raimu résonner en moi-même, celle que nous écoutions dans mes jeunes années. Je lui réponds :

« Écoutez, vous avez tourné avec Raimu. Vous savez très bien que je ne lui arrive qu'à l'orteil. Autant refaire un Rembrandt !

— Vous avez raison », acquiesce-t-il.

Mais madame Pagnol, qui assiste à la scène, ne l'entend pas de cette oreille :

« Michel, il faut que ça se joue ! »

Elle voyait plutôt l'intérêt financier de l'affaire ! *La Femme du boulanger* n'a finalement jamais été montée au théâtre par Marcel Pagnol en personne. La question ne s'est posée de nouveau qu'au début des années 1980, sous l'impulsion de Jérôme Savary. J'avais appris qu'il cherchait à me rencontrer, mais, là non plus, je ne savais pas pourquoi. Rendez-vous a été pris pour un dîner au restaurant Pétrus sur le boulevard Pereire. Savary a été très habile avec moi, en se montrant rassurant au sujet de toute comparaison avec Raimu. Il m'a répété tout au long du repas qu'il n'avait pas vu le film de Pagnol et qu'il ne voulait de toute façon pas d'un acteur qui fasse un numéro. Lui misait sur une troupe ou rien du tout, pas de vedette ni de star.

« La boulangère partira toute nue sur un cheval blanc… Il y aura une rivière au milieu du village… »

Sa vision me paraissait très intéressante. Je voyais les images défiler comme il me les décrivait. Au dessert, j'ai dit oui. Louis de Funès m'avait pourtant toujours répété une règle à respecter dans notre profession :

« Ne négocie jamais pendant un souper. Au dessert, tu es plein de vin et tu acceptes… »

Il avait complètement raison.

L'accord entériné, plus la date des premières répétitions approchait et plus j'étais terrorisé. La convocation à Mogador était pour septembre. Comment ne pas être influencé par Raimu ? Par où aborder l'œuvre ? Je ne voyais pas ce que je pouvais faire de différent. J'ai passé le mois d'août la peur au ventre, n'osant même pas lire le texte. L'automne est arrivé et j'ai rejoint la troupe au théâtre. Tout le monde avait bien répété son rôle, sauf moi. Je suis monté sur scène et j'ai parlé comme j'ai pu, en me souvenant des mots que j'avais si souvent entendus en famille. Jérôme Savary ne m'a rien dit et nous avons démarré notre travail.

Cette *Femme du boulanger* m'a fait ouvrir les yeux sur bien des aspects de notre métier. Malgré une interprétation qui n'était incontestablement pas à la hauteur de celle de Raimu, nous jouions *La Femme du boulanger* de Marcel Pagnol. Les spectateurs n'avaient que faire du film et de la comparaison. Ils étaient pris par le conte et non par l'acteur. La pièce et les mots leur suffisaient. Pagnol avait un tel talent que ses œuvres seront jouées aussi longtemps que celles de Molière. Dans trois cents ans, *Marius*, *Fanny*, *César* ou *La Femme du boulanger* seront toujours à l'affiche, parce que l'œuvre de Pagnol est profondément humaine.

Très régulièrement, j'ai joué Pagnol sur scène et à la télévision, notamment dans *Merlusse* ou *Les Marchands de gloire* aux personnages si pittoresques. J'ai aussi interprété la correspondance qu'il a entretenue avec Raimu justement, en compagnie de Philippe Caubère, dans *Jules et Marcel*. Georges Folgoas nous a même entraînés sur les propres terres de l'auteur pour le tournage de *Cigalon*, au milieu des années 1970. Grâce à ce film de télévision, je suis entré au musée des personnages de Pagnol, avec une statue à mon effigie.

Les Lettres de mon moulin
Réalisateur : Marcel Pagnol.
Scénario et dialogues : Marcel Pagnol, d'après l'œuvre d'Alphonse Daudet.
Sortie française : 5 novembre 1954.
Avec Édouard Belmont (maître Cornille), Pierrette Bruno (Vivette), Serge Davin (Joseph Roumanille), Michel Galabru (Baptistin), Bréols (le maire), Andrée Turcy (Marinette)...
Résumé. – Depuis la mise en activité d'une minoterie à vapeur dans la région, tous les moulins ont cessé de fonctionner. Seules les ailes de celui de maître Cornille tournent toujours.
Commentaire. – Le film à sketchs de Marcel Pagnol est composé de trois segments : *L'Élixir du père Gaucher, Les Trois Messes basses* et *Le Secret de maître Cornille.* Michel Galabru n'apparaît que dans le dernier.

Cigalon
Réalisateur : Georges Folgoas.
Scénario et dialogues : Marcel Pagnol.
Diffusion TV : 25 décembre 1975 sur TF1.
Avec Michel Galabru (Cigalon), Andréa Ferréol (madame Toffi), Roger Carel (le comte), Marco Perrin (Ludovic), Paulette Frantz (Adèle), Marcelle Brou (Coralie)...
Résumé. – Chef prestigieux, Cigalon a ouvert un restaurant dans le petit village provençal de La Treille. Lorsque madame Toffi, ancienne blanchisseuse, ouvre une auberge au pays, le cuisinier blessé dans son amour-propre retourne aux fourneaux pour retenir ses clients.
Commentaire. – Marcel Pagnol a réalisé la version originale de Cigalon en 1935.

La Femme du boulanger
Réalisateur : Marcel Pagnol, d'après l'œuvre de Jean Giono.
Metteur en scène : Jérôme Savary.
Création : 12 février 1985 au théâtre Mogador.
Avec Michel Galabru (le boulanger), Valérie Mairesse (la femme), Teddy Bilis, François Borysse, Madeleine Callergis, Maxime Lombard, Pierre Mirat…
Résumé. – En Provence, le boulanger découvre que sa femme est partie avec un berger. Récemment installé au village, il décide de faire la grève du pain jusqu'à son retour.
Commentaire. – La première version de *La Femme du boulanger* a été portée à l'écran en 1938, avec Raimu et Ginette Leclerc à l'affiche. Après l'adaptation de Jérôme Savary, Michel Galabru a mis en scène et interprété cette œuvre en 1996 (en région et reprise à Paris), avant la version signée par Alain Sachs au théâtre Hébertot en 2012.

Merlusse
Réalisateur : Marcel Pagnol.
Metteur en scène : Daniel Mesini.
Création : 1995 dans le cadre du Festival d'Aubagne.
Diffusion TV : 20 novembre 1995 sur France 2.
Avec Michel Galabru (Merlusse), Bernard Palmi (le censeur), Antoine Coesens (le proviseur), Jean-Pascal Mouthier (Philippar), Georges Neri (le concierge)…
Résumé. – À la veille de Noël 1913, une dizaine d'élèves du lycée Thiers de Marseille restent à l'internat pour les fêtes. Pour les surveiller le soir du réveillon, le proviseur annonce l'arrivée du sévère Merlusse.
Commentaire. – La version télévisée du spectacle a été diffusée le 20 novembre 1995 dans « Un, deux, trois… théâtre » ; elle a été réalisée par Georges Folgoas, déjà à l'origine du téléfilm *Cigalon*.

Les Marchands de gloire

Réalisateurs : Marcel Pagnol, Paul Nivoix et Robert Trébort.

Metteur en scène : Michel Fagadau.

Création : 15 octobre 1997 à la Comédie des Champs-Élysées.

Avec Michel Galabru (Berlureau), Pierre Meyrand (M. Bachelet), Pascale Roberts (madame Bachelet), Yannick Soulier (Henri, le fils Bachelet), Javotte Rougerie (Germaine Bachelet)...

Résumé. – Modeste fonctionnaire, Édouard Bachelet s'est servi de la mort de son fils au champ d'honneur pour gravir les échelons en politique. Son fils réapparaît, amnésique, mais bien vivant.

Commentaire. – *Les Marchands de gloire* est la première pièce de Marcel Pagnol créée au théâtre, en 1925.

Jules et Marcel

D'après Marcel Pagnol et Raimu.

Metteur en scène : Jean-Pierre Bernard.

Création : 20 mars 2008 au théâtre Hébertot.

Avec Michel Galabru (Jules Muraire *alias* Raimu) et Philippe Caubère.

« Regarde-le bien. Dans deux ans, c'est la plus grande vedette en France »

La Mégère apprivoisée (1957) et Jean-Paul Belmondo

Dans le métier, personne ne savait que j'avais démissionné du Français et mes projets étaient réduits à néant ou presque. Tout à fait par hasard, une rencontre avec Suzanne Flon m'a permis d'être embarqué dans *La Mégère apprivoisée*, avec Pierre Brasseur, et Georges Vitaly à la mise en scène, au théâtre de l'Atelier. Il y avait aussi Jean-Paul Belmondo à l'affiche, qui sortait tout juste du Conservatoire et que je fréquentais beaucoup. Comparée à l'atmosphère pesante du Français, à sa vie âpre et à ses rivalités, l'ambiance m'a paru beaucoup plus détendue sur les boulevards !

Belmondo et moi partagions la même loge à l'Atelier. Au fil des représentations, j'ai établi un constat édifiant, avant de lui faire une proposition :

« Dans un certain sens, nous sommes très bien dans cette troupe, mais nous prenons le risque de rester encore cinq ou six ans enterrés dans les mêmes petits rôles. Personne ne fait attention à nous ici. Les journaux parlent de Pierre Brasseur et de Suzanne Flon, mais jamais de nous. Il faut que nous fassions quelque chose ensemble. »

À la fin des années 1950, les cabarets fleurissaient dans la capitale, avec Darry Cowl, Robert Lamoureux et des duos aussi populaires que Roger Pierre et Jean-Marc Thibault ou Jean Poiret et Michel Serrault. Très naturellement, j'ai suggéré à Belmondo que nous créions à notre tour un numéro de cabaret. Sans trop attendre, nous devions trouver des textes pour notre duo en devenir.

Tous les soirs ou presque, nous sortions avec Pierre Brasseur qui nous avait promis de nous aider dans nos recherches. Sa loge était située à côté de la nôtre et il avait surpris nos discussions. Parfois, nous dînions tous ensemble après le spectacle, souvent en compagnie de personnalités remarquables comme Joseph Kessel ou René Clair. Souvent, nous lui servions en fait de prétexte pour s'échapper du domicile sans être accompagné par sa femme…

Le temps a passé et j'ai prévenu Jean-Paul que le moment était venu pour nous de répéter, dès le lendemain ou le surlendemain.

Il m'a répondu :

« Je ne peux pas.

— Pourquoi tu ne peux pas ?

— Parce que je tourne.

— Tu tournes quoi ?

— *À bout de souffle.* »

Notre duo n'a jamais vu le jour. Belmondo a connu une ascension fulgurante et moi j'ai continué ma carrière à un autre rythme. Curieusement, ma femme, qui connaissait bien Jean-Paul, m'avait averti :

« Regarde-le bien. Dans deux ans, ce sera la plus grande vedette en France. »

Elle a eu du « nez », parce que personne ne le connaissait encore. Il n'avait même pas reçu de prix à sa sortie du Conservatoire. Après *La Mégère apprivoisée*, Belmondo et moi nous sommes retrouvés plusieurs fois devant une caméra, d'abord dans *Les Trois Mousquetaires* pour la télévision, puis rapidement dans *Les Amours célèbres*. Nous sommes toujours restés en contact, mais ce n'était plus tout à fait la même chose. Devenu une vedette, il était beaucoup plus entouré qu'auparavant, même si, au fond de lui, il est resté toujours aussi détendu, comme au temps de nos tournées mémorables dans les patronages. À la fin des années 1970, Georges Lautner m'a engagé pour *Flic ou voyou* et *Le Guignolo* avec Belmondo, qui avait déjà atteint le rang de star nationale.

La Mégère apprivoisée
Auteur : Jacques Audiberti, d'après William Shakespeare.
Metteur en scène : Georges Vitaly.
Création : 10 octobre 1957 au théâtre de l'Athénée.
Avec Suzanne Flon (Catherine), Pierre Brasseur (Petrucchio), Jean-Paul Belmondo (Biondello), Aline Bertrand (la veuve), Françoise Soulié (Bianca), Michel Galabru (Grumio), Hubert Deschamps (Vincentio), Christian Lude (Baptista)…

Résumé. – Le gentilhomme Baptista refuse de marier sa fille Bianca avant Catherine, son aînée au caractère difficile. Les prétendants de la cadette mettent au point des stratagèmes pour arriver à leurs fins.

Les Trois Mousquetaires
Réalisateur : Claude Barma.
Scénario et dialogues : Claude Barma, d'après Alexandre Dumas.
Diffusion TV : 28 décembre 1959 sur la RTF.
Avec Jean-Paul Belmondo (D'Artagnan), Pierre Asso (Richelieu), Jean Chevrier (Athos), Hubert Noël (Aramis), Robert Hirsch (Planchet), Pierre Gallon (Jussac), Michel Galabru (monsieur Bonacieux)…
Commentaire. – Ce « premier grand mélodrame TV » a nécessité quarante acteurs et soixante-quinze figurants. Pour la retransmission en direct, au regard des décors, deux plateaux et deux régies ont été réquisitionnés, obligeant Claude Barma à passer de l'un à l'autre pendant la soirée.

Les Amours célèbres
Réalisateur : Michel Boisrond.
Scénario et dialogues : France Roche, Marcel Achard, Françoise Giroud, Jacques Prévert, Pascal Jardin et Michel Audiard, d'après Paul Gordeaux.
Sortie nationale : 3 novembre 1961.
Avec Jean-Paul Belmondo (Lauzun), Philippe Noiret (Louis XIV), Liliane Brousse (madame de Montespan), Dany Robin (madame de Monaco), Michel Galabru (Champagne)…

Résumé. – Louis XIV demande à son fidèle Champagne de lui amener madame de Monaco, sur laquelle il a des vues. Lauzun, amoureux d'elle, va tenter d'empêcher la rencontre.

Commentaire. – Film à sketchs, *Les Amours célèbres* comportent quatre segments : *Lauzun* (avec Michel Galabru et Jean-Paul Belmondo), *Jenny de Lacour* (avec Simone Signoret), *Agnès Bernauer* (avec Alain Delon et Brigitte Bardot) et *Les Comédiennes* (avec Edwige Feuillère).

« Maillan a commis une faute majeure »

Le Chinois, avec Jacqueline Maillan et Jacques Dufilho (1958)

À la suite de cette *Mégère apprivoisée*, j'ai eu la chance que Georges Vitaly m'engage très régulièrement. Après la Comédie-Française, je n'ai travaillé quasiment que grâce à lui. Je lui dois énormément. Avec les années, je suis devenu un véritable « sociétaire » du La Bruyère ! Vitaly m'a d'abord proposé un second rôle dans *Le Chinois*. Cette pièce de Pierre Barillet et Jean-Pierre Grédy était un projet monté par Jacqueline Maillan et son mari, le chef d'orchestre Michel Emer. Elle commençait à « perçoter » auprès du grand public. Ce spectacle avait justement été conçu sur mesure pour la mettre dans la lumière. Sauf que Maillan a commis une faute majeure lorsqu'elle a décidé de laisser Jacques Dufilho se travestir en femme.

Il lui a suffi de quelques jours pour lui voler complètement la vedette. Les spectateurs ne voyaient plus que lui sur scène et riaient dès qu'il faisait le moindre geste. Jacqueline Maillan s'en est aperçue, essayant tant bien que mal de reconquérir la salle à la moindre occasion. Le problème, c'était que le personnage de Dufilho entrait en scène plus tôt que le sien. Depuis les coulisses, la situation était pénible à observer parce qu'elle la rendait très nerveuse.

Là-dedans, je jouais quant à moi le policier qui menait l'enquête, encore un tout petit rôle sans importance. Au cours d'une des premières représentations, en poussant la porte du décor, j'ai entendu des rires énormes. Immédiatement, j'ai cherché à savoir d'où venait l'effet comique avant de tomber sur Dufilho en train de jouer avec ses bas, en plein numéro avec la salle ! À la sortie de scène, il est venu me voir, un peu gêné d'avoir perturbé mon entrée :

« Je m'excuse d'avoir fait ça. Je ne le ferai plus jamais.

— Mais pas du tout, lui ai-je répondu, je ne vois pas pourquoi tu ne le ferais plus. C'était très drôle. »

Et tous les soirs, son numéro a rencontré le même succès. J'enchaînais juste après avec Maillan qui jouait la surenchère pour capter l'attention des spectateurs. Elle en perdait parfois les pédales. Entre Dufilho et Maillan, les rivalités pouvaient durer jusqu'au rideau. Dans l'une de nos scènes, je tenais un journal dans ma main. Elle a eu soudain l'idée de me le prendre et de le piétiner. J'ai eu cette réplique qui l'a clouée sur place, provoquant un effet énorme sur la salle :

« Écoutez, là, j'ai l'impression que vous avez fait une boulette. »

Le Chinois

Auteurs : Pierre Barillet et Jean-Pierre Grédy.

Metteur en scène : Georges Vitaly.

Création : 30 octobre 1958 au théâtre de La Bruyère.

Avec Jacqueline Maillan (Armandine Doucet), Jacques Dufilho (la présidente), Françoise Bertin (la duchesse) Françoise Dorin (Erica Saint-Alban), Michel Galabru (l'inspecteur), Paul Gay (Léo Léon)...

Résumé. – Dans le restaurant Chapuchot, au salon « Le Chinois », les dames du jury du prix des Muses sont réunies. Tour à tour, elles sont frappées par un assassin. L'enquête est confiée à un inspecteur.

Ils ne savaient pas mon nom, mais ils m'appelaient : « Le cocu ! Le cocu ! »

Premières télévisions, *Le Mari, la femme, la mort* (1958)

Je vous parle d'une époque à laquelle il n'y avait qu'une seule chaîne de télévision. Aussi dérisoire que cela puisse paraître de nos jours, les gens se vantaient même de posséder un poste, allant jusqu'à organiser des « soirées télévision » avec leurs voisins, et parfois le quartier tout entier. Tout le monde avait les yeux rivés sur le petit écran. Et le mardi soir, la RTF donnait une « dramatique », c'est-à-dire une pièce de théâtre filmée, bien sûr en direct, puisque le différé n'existait pas encore.

Le Mari, la femme, la mort avait tenu l'affiche plusieurs mois sur les boulevards. La télévision voulait offrir au grand public ce spectacle d'André Roussin. Naturellement, le réalisateur Philippe Ducrest avait choisi de reprendre toute la distribution originale. Bernard Blier devait donc rejouer le rôle du cocu. Sauf que le cachet de 1 300 francs ne lui convenait pas. Face à son refus catégorique, j'ai été choisi. J'avais sûrement la gueule de l'emploi ! Ainsi ai-je fait mon entrée à la télévision.

En pleins préparatifs de Noël, pendant que ma femme achetait les cadeaux, je suis resté cloîtré chez moi pour apprendre les 1 400 lignes de texte à seulement quinze jours du direct. J'ai passé mes journées à répéter et répéter. La production tentait de me rassurer, mais j'avais très bien compris qu'il n'y aurait pas de souffleur le soir venu. J'avais une peur bleue face à ce nouvel exercice… Heureusement, un « nègre » devait se tenir prêt pendant la retransmission, avec son tableau pour brandir le texte en cas de trou de mémoire, hors du champ des caméras. Et le trou est arrivé. L'assistant s'est aperçu que je ne savais plus où j'en étais et m'a tendu son panneau… à l'envers ! Par chance, j'avais appris mon texte comme une brute et je m'en suis sorti sans trop de dégâts visibles. Le lendemain de la diffusion du *Mari, la femme, la mort*, ma mère et moi avons pris un taxi à la gare Saint-Lazare. Dans les embouteillages, les conducteurs et les passagers des autres voitures m'ont reconnu. Ils ne savaient pas mon nom, mais ils m'appelaient : « Le cocu ! Le cocu ! »

Pour la première fois, j'ai goûté à la célébrité le temps d'un instant. Le soufflé est retombé très rapidement !

C'est ainsi que j'ai enchaîné les télévisions, jouant *Monsieur de Saint-Germain*, *Son mari*, *Parades* avec Philippe Ducrest, mais aussi *L'Ami Fritz*, *Le Juge de Malte*, *Les Maris de Léontine*, *Cyrano de Bergerac*, *L'Amour des trois oranges* ou *Le Mariage* avec d'autres réalisateurs… Sur *Don*

Quichotte, Michel Etcheverry incarnait le héros de Cervantès et moi Sancho. Il devait monter à cheval, tandis que Sancho avancerait à dos d'âne. Mon ami Etcheverry n'a rencontré aucune difficulté. Quant à moi, impossible de monter sur mon âne ! Les techniciens me pressaient pour accélérer le mouvement, mais rien à faire. Au bout d'un long moment, je me suis aperçu que l'âne tournait la tête vers moi juste au moment où je m'apprêtais à grimper sur son dos. Dès qu'il me voyait, il baissait à chaque fois sa croupe. En réalité, chose extraordinaire, l'animal évaluait mon poids et refusait de me porter !

J'étais obligé d'accepter tous ces contrats, car je n'avais rien d'autre. Je ne pouvais pas me permettre de refuser. Comme tous les acteurs de mon époque, j'ai pourtant vécu l'horreur à la télévision. Entre les textes à apprendre rapidement, la technique si contraignante, la chaleur intenable sous les projecteurs et l'absence de souffleur, nous avons tous voulu tôt ou tard changer de métier ! La plupart de ces émissions étaient tournées depuis les studios des Buttes Chaumont. Nous rentrions sur ce grand plateau comme si nous pénétrions dans une véritable salle de torture.

Souvent, ces dramatiques étaient néanmoins portées par des acteurs habiles, tels que Jean Rochefort, Louis Velle, Jacques Charron ou Rosy Varte. Dans *Montserrat*, j'ai aussi rencontré Michel Piccoli. Il avait un rôle plus important que le mien et son talent ne faisait déjà aucun doute. Nous nous disputions gentiment sur nos perspectives d'avenir ! Quelque temps plus tard, nous avons tourné ensemble un court-métrage sur le tabac, *Fumée, histoire et fantaisie*. On était nuls. Les débuts, quoi…

En plus des dramatiques, j'ai participé plusieurs mois durant à l'émission « Les Raisins verts ». J'y faisais un numéro toutes les semaines, soit des sketchs avec mon complice Hubert Deschamps, soit des monologues. Le jeune Jean-Loup Dabadie écrivait nos textes. Face à certaines critiques que j'ai pu lui formuler, il se montrait déjà susceptible. Il n'était pourtant pas plus connu que nous.

Le Mari, la femme, la mort
Réalisateur : Philippe Ducrest, d'après l'œuvre d'André Roussin.
Diffusion TV : 7 janvier 1958 sur la RTF.
Avec Jacqueline Gauthier (Arlette, la femme), Michel Galabru (Sébastien, le mari), Claude Nicot (Kiki)…
Résumé. – Arlette a décidé d'éliminer définitivement son mari, Sébastien. Elle engage Percier pour qu'il le supprime, mais rien ne se passe comme prévu. Arlette révèle la vérité à son mari.
Commentaire. – *Le Mari, la femme, la mort* a également été présenté sur l'ORTF en mai 1970, dans « Au théâtre ce soir », dans une réalisation de Pierre Sabbagh.

Monsieur de Saint-Germain
Réalisateur : Philippe Ducrest, d'après l'œuvre d'Albert Husson.
Diffusion TV : 4 mars 1958 sur la RTF.
Avec Paul Guers (monsieur de Saint-Germain), Teddy Bilis (Ploche), Jean Rochefort (l'inspecteur), Claude Gensac

(Gloria), Évelyne Eyfel (Maureen), Michel Galabru (le valet)…

Son mari
Réalisateur : Philippe Ducrest.
Scénario et dialogues : Jacques Chabannes, d'après Robert Spitzer et Paul Géraldy.
Diffusion TV : 8 juillet 1958 sur la RTF.
Avec Louis Velle (Mareuil), Michel Galabru (Maxime), Luce Feyrer (Jacqueline), Fernande Albany (madame Jolivet)…
Résumé. – En mentant à son mari au sujet d'un amant qu'elle n'a jamais eu, une jeune femme prend conscience du caractère de ce dernier. Il lui pardonne, laissant une porte ouverte à tous les possibles.

L'Ami Fritz
Réalisateur : Georges Folgoas.
Scénario et dialogues : Jacques Chabannes, d'après l'œuvre d'Émile Erckmann et Alexandre Chatrian.
Diffusion TV : 20 janvier 1959 sur la RTF.
Avec Marie Versini (Suzel), Jane Marken (Catherine), Michel Galabru (Fritz Kobus), Grégoire Aslan (David Sichel)…

Le Juge de Malte
Réalisateur : Bernard Hecht, d'après l'œuvre de Denis Marion.
Diffusion TV : 10 novembre 1959 sur la RTF.
Avec Jean Marchat (le juge), Jean Davy (le grand maître), Michel Galabru (Piétro), Rosy Varte (Rita), Clément Harari (le greffier)…

Les Maris de Léontine
Réalisateur : André Leroux.
Scénario et dialogues : Jacques Chabannes, d'après l'œuvre d'Alfred Capus.
Diffusion TV : 6 décembre 1959.
Avec Micheline Boudet (Léontine), Jacques Charon (Adolphe), Pauline Carton (Virginie), Michel Galabru (le baron), Claude Nicot (Anatole)...
Résumé. – Croqueuse d'hommes, Léontine a séduit le baron de La Jambière, avant de le tromper comme son premier mari, Adolphe Dubois.

Cyrano de Bergerac
Réalisateur : Claude Barma, d'après l'œuvre d'Edmond Rostand.
Diffusion TV : 25 décembre 1960 sur la RTF.
Avec Daniel Sorano (Cyrano), Françoise Christophe (Roxane), Jean Deschamps (le comte de Guiche), Jean Topart (Le Bret), Michel Galabru (Ragueneau), Philippe Noiret (Lignère)...
Résumé. – Cyrano de Bergerac est amoureux de Roxane, elle-même éprise du baron Christian de Neuvillette.

L'Amour des trois oranges
Réalisateur : Pierre Badel, d'après l'œuvre d'Alexandre Arnoux.
Diffusion TV : 25 février 1961 sur la RTF.
Avec Guy Tréjean (Gozzi), Dany Saval (Théodora), Michel Galabru (Sacchi), Bernard Fresson (Gennaro), Henri Virlojeux (Zelon), Jean-Pierre Darras (Gratarol Vitalli)...

Don Quichotte
Réalisateur : Marcel Cravenne.
Scénario et dialogues : Claude Santelli, d'après l'œuvre de Cervantès.
Diffusion TV : 27 avril 1961 sur la RTF.
Avec Michel Etcheverry (Don Quichotte), Michel Galabru (Sancho), Roger Mollien (Diego), Christiane Lasquin (Maritorne), Isabelle Ehni (Felicia), Léon Larive (le curé)...
Résumé. – Le chevalier errant Don Quichotte et son fidèle Sancho combattent des moulins à vent avant de rejoindre une auberge, vue comme un château, dont la servante devient une princesse...

Le Mariage
Réalisateur : Roger Kahane.
Scénario et dialogues : Philippe Soupault, d'après l'œuvre de Nicolas Gogol.
Diffusion TV : 9 janvier 1962 sur la RTF.
Avec Michel Galabru (Levacillant), Maurice Chevit (Jetebouscule), Gaétan Noël (Alphonse), Madeleine Barbulée (Léonie), Dominique Arden (Aglaé)...

Parades
Réalisateur : Philippe Ducrest, d'après l'œuvre de Jan Potocki.
Diffusion TV : 9 août 1962 sur la première chaîne de l'ORTF.
Avec Jean-Paul Roussillon (Giles), Odile Poisson (Zerzabelle), Hubert Deschamps (Cassandre), Michel Galabru (le valet de Cassandre), Jacques Toja (Léandre)...
Résumé. – Les « Parades » de Jan Potocki sont des saynètes inspirées de la *commedia dell'arte*, avec « Giles Amoureux », « De Cassandre aux Indes », « Le Calendrier des vieillards » et « Cassandre homme de lettres ».

Montserrat
Réalisateur : Stellio Lorenzi, d'après l'œuvre d'Emmanuel Roblès.
Avec Marc Cassot (Montserrat), Michel Piccoli (Izquierdo), Jean-Marie Amato (le père Coronil), Robert Hirsch (Juan Salcedo), Michel Galabru (Salas Ina)...
Diffusion TV : 22 novembre 1962 sur la RTF.
Résumé. – Juillet 1812 au Venezuela. Izquierdo, premier lieutenant du capitaine général Monteverde, est à la recherche de Simón Bolívar. En fuite, le patriote a été aidé dans son évasion par Montserrat.

En janvier 1964, Michel Galabru a tourné *Le Bon Numéro*, avec Stellio Lorenzi. À la télévision, il a multiplié les rôles entre la fin des années 1950 et le début des années 1960. Parmi les autres titres : *En votre âme et conscience* (1958), *George Dandin* (1959), *Elena* (1960), *Le Mariage de Figaro* (1961), *Gargantua* (1962), *L'Auberge de l'ange gardien* (1962) et *Le Général Dourakine* (1963).

Fumée, histoire et fantaisie
Réalisateurs : François Villiers et Édouard Berne.
Scénario et dialogues : Alain Allioux et Jean Canolle.
Année de production : 1962.
Avec Michel Galabru, Maria Meriko, Michel Piccoli, William Sabatier...
Résumé. – L'histoire du tabac, d'après des scènes de la vie quotidienne.
Commentaire. – Ce court-métrage n'est pas le seul de la carrière de Michel Galabru. De ses débuts jusqu'aux

années 2000, sa filmographie en dénombre plusieurs, à l'instar de *La Langue bien pendue* (Henri Champetier, 1959), *Samson, père et fils* (Michel Autin, 1966), *Les Naïfs* (Philippe Sisbane, 1985), *La Bête noire* (Yves Benoît et Jean-Hugues Lime, 1986), *Le Commando des pièces à trous* (Pierrot de Heusch, 1997), *C'est le ciel qui vous envoie !* (Pierre Aboujaoude, 2014) ou *Quelle heure est-il ?* (Martins Amsili et Bastien Miquel, 2014).

« Line Renaud m'a pris pour une merde, tout en restant très sympathique »

Line Renaud, Darry Cowl et *L'Increvable* (1959)

Avant l'arrivée du cinéma et de la télévision, la Comédie-Française avait eu sa renommée. Depuis la fin des années 1950, toutes les vedettes étaient passées sur les écrans, petits ou grands. Personnellement, je n'avais aucune valeur au niveau médiatique ou publicitaire. Inutile de dire que le cinéma ne m'a pas offert de premiers rôles avant un moment. Entre mes engagements sur scène et à la télévision, j'ai donc participé à quelques films anodins, acceptant tout ce qui s'offrait à moi. Guy Lefranc m'a nommé armateur grec dans *Suivez-moi jeune homme*. Ce fut une erreur de casting sur toute la ligne. J'étais trop jeune pour le rôle et je parlais avec un accent horrible.

Au générique de *L'Increvable*, je jouais le mari de Line Renaud. Nous nous sommes rencontrés pour la première fois dans un lit. Je précise que nous tournions… Elle a fait son apparition sur le plateau avec son habilleuse personnelle et moi, pendant ce temps-là, je l'attendais en pyjama, une bouillotte sur la tête ! Elle est rentrée dans les draps et m'a tendu la main pour me saluer. J'étais dans mes petits souliers, ou plutôt mon petit pyjama si je puis dire ! Line Renaud m'a pris pour une merde, tout en restant très sympathique. J'étais un type anodin et elle une grande vedette. Je lui ai rappelé cette anecdote bien plus tard, et elle s'en est amusée. *L'Increvable* demeure une « darrycowlade » sans conséquence, comme *Les Affreux* et de nombreuses comédies de l'époque. Le seul qui comptait vraiment s'appelait Darry Cowl.

Si je ne me souviens plus du *Rififi chez les femmes* d'Alex Joffe, *L'Eau à la bouche* m'a permis de connaître Bernadette Lafont. Dans le scénario, il y avait une ébauche de flirt entre nous, elle en habits de femme de chambre et moi en livrée de domestique. Elle montait l'escalier et je lui courais après, en essayant de lui arracher un vêtement à chaque palier dans une espèce de strip-tease… Bernadette et moi avions déjà beaucoup de points communs. Nous nous sommes suivis tout au long de nos carrières respectives et sommes toujours restés très proches, comme deux vrais amis. Avec elle, je n'ai que de bons souvenirs à l'écran, sur scène et dans la vie. À l'époque de *L'Eau à la bouche*, elle avait déjà fait sensation à l'affiche du *Beau Serge* de Claude Chabrol. Moi, j'ai raté ma Nouvelle Vague avec *La Croix et la bannière*. Philippe Ducrest avait voulu faire ce film en suivant la mode. Ce fut un échec cuisant pour ce réalisateur abonné aux télévisions. À la sortie, mon père a eu ce mot qui résume bien l'affaire :

« Quel esprit tire-bouchonné a écrit ça ? »

Suivez-moi jeune homme
Réalisateur : Guy Lefranc.
Scénario et dialogues : Jean Halain, Guy Lefranc et Roland Moronval.
Avec Dany Robin (Françoise Marceau), Daniel Gélin (Michel Corbier), Jacques Jouanneau (Chatou), Georges Chamarat (le commissaire), Michel Galabru (Aristide Oranos)...
Sortie nationale : 3 décembre 1958.
Résumé. – Le richissime armateur Aristide Oranos ne comprend pas pourquoi Françoise lui résiste. Pour lui, il y a deux sortes de femmes : « celles qui se vantent et celles qui s'achètent » ! Il engage une agence pour mener l'enquête. Michel, en charge de la filature, tombe sous le charme de la jeune femme.
Commentaire. – Guy Lefranc a tourné deux autres films avec Michel Galabru : *L'Auvergnat et l'autobus* (1969) et *Et qu'ça saute* (1970).

L'Increvable
Réalisateur : Jean Boyer.
Scénario et dialogues : Jacques Vilfrid et Jean Boyer, d'après l'œuvre de Robert Goffin.
Sortie nationale : 29 avril 1959.
Avec Darry Cowl (Hippolyte), Line Renaud (Liliane Robustal), Michel Galabru (Augustin Robustal), Roland Armontel (Pivois), René Havard (Loulou)...

Résumé. – Barman dans une guinguette des bords de la Marne, Hippolyte a des sentiments pour Liliane Robustal, la propriétaire. Elle et son mari ont des difficultés financières qui mettent leur affaire en péril. Hippolyte souscrit une assurance vie. S'il meurt, Liliane touchera cinq millions...

Les Affreux
Réalisateur : Marc Allégret.
Scénario et dialogues : Pascal Jardin et Jean Marsan.
Sortie nationale : 11 septembre 1959.
Avec Pierre Fresnay (César Dandieu), Darry Cowl (Fernand Mouchette), Anne Colette (Adèle), Michel Galabru (Peloux)...

Du Rififi chez les femmes
Réalisateur : Alex Joffe.
Scénario et dialogues : Auguste Le Breton.
Sortie nationale : 20 mai 1959.
Avec Robert Hossein (Marcel), Nadja Tiller (Vicky), Silvia Monfort (Yoko), Françoise Rosay (Berthe), Roger Hanin (Bug), Eddie Constantine (Williams), Michel Galabru (le pompier)...

L'Eau à la bouche
Réalisateur : Jacques Doniol-Valcroze.
Scénario et dialogues : Jacques Doniol-Valcroze.
Sortie nationale : 20 janvier 1960.
Avec Françoise Brion (Milena Brett-Juval), Bernadette Lafont (Prudence), Alexandra Stewart (Séraphine Brett-Juval), Michel Galabru (César)...

Résumé. – Au château d'Aubarède, près de Perpignan, marivaudages et quiproquos autour d'un héritage dans la famille Brett-Juval…

La Croix et la bannière

Réalisateur : Philippe Ducrest.

Scénario et dialogues : Philippe Ducrest et Jean-Louis Curtis.

Sortie nationale : 7 mars 1962.

Avec Évelyne Eyfel (Gaëlle), Michel Bardinet (Jacques), Michel Galabru (Bob)…

Résumé. – À la suite d'un vol, Bob cache précipitamment un bijou à l'intérieur d'un sac à main en vente, acheté par Gaëlle. Il tente de récupérer son butin.

Commentaire. – *La Croix et la bannière* est l'unique film pour le cinéma de Philippe Ducrest, réalisateur de télévision.

« Martine Carol avait quelque chose de touchant, mais nous étions impuissants »

Un soir sur la plage avec Martine Carol (1960)

En 1960, non content d'avoir décroché un rôle important dans *Un soir sur la plage*, je partageais surtout l'affiche avec Martine Carol, la star de cinéma numéro 1 avant l'explosion de Brigitte Bardot. Un matin, alors que je logeais à Théoule-sur-Mer et que nous tournions vers Antibes, j'étais en retard d'une demi-heure. Au cinéma, ce genre d'incident peut avoir des conséquences très graves. J'arrive sur le plateau, très embêté. Personne ne m'attend à la grille. Je cours pour m'installer sur le plateau, et là, les membres de l'équipe me font « chut ». La porte se referme et je découvre devant moi Martine Carol complètement schnouffée. Le clap retentit et elle émet des râles incompréhensibles.

« Coupez ! » lance le réalisateur.

Égoïstement, dans mon coin, je suis soulagé que personne ne se soit aperçu de mon absence.

« On plie tout », décide le producteur.

Après cette matinée, nous avons eu quinze jours de vacances forcées. Martine Carol avait quelque chose de touchant, mais nous étions impuissants face à sa situation et ses dépendances. Un soir, elle nous avait invités dans sa maison somptueuse, avec une vue magnifique sur la ville en contrebas. Elle nous avait confié :

« À la fin de la journée, je viens là, au bout de ma terrasse… Et je pleure. J'ai le cafard. »

En moi-même je pensais :

« Si j'avais ta maison, je n'aurais pas le cafard ! »

Avec le temps, le nom de Martine Carol s'est presque effacé. Au cinéma, les trois quarts des réputations ne sont que pacotille. Qui se souvient de Jules Berry, de Harry Baur, de Rellys ? Même les plus grands interprètes de notre siècle ont été oubliés. Ne surnagent que quelques noms dans les mémoires, comme Raimu, Jouvet, Gabin ou Fernandel. Mon nom sera certainement comme celui de Martine Carol et de tant d'autres : balayé par le temps.

Un soir sur la plage
Réalisateur : Michel Boisrond.
Scénario et dialogues : Michel Boisrond et Annette Wademant.
Sortie nationale : 14 juin 1961.
Avec Martine Carol (Georgina), Henri-Jacques Huet (Michel Saint-Amant), Geneviève Grad (Sylvie), Jean Desailly (le docteur Francis), Michel Galabru (le commissaire), Rellys (le jardinier)…

Résumé. – Michel Saint-Amant a rejoint la somptueuse demeure de Georgina, une amie de son éditeur. Un soir, l'auteur aperçoit au bord de la mer une jeune femme, la fille du jardinier, qui se donne à lui. Elle est tuée. L'assassin se trouve-t-il dans la villa ?

Commentaire. – Le réalisateur Michel Boisrond et Michel Galabru se sont retrouvés la même année pour *Les Amours célèbres*.

« Les réalisateurs avaient pris l'habitude de m'engager pour ces rôles secondaires sans grande importance »

La Guerre des boutons et le Vieux Colombier (1961-1962)

Peu à peu, les réalisateurs avaient pris l'habitude de m'engager pour ces rôles secondaires sans grande importance qui ne nécessitaient pas de personnalité particulière, comme l'aubergiste de *La Fayette*, la superproduction de Jean Dréville. J'appartenais à la catégorie des « baladeurs », selon notre jargon. *La Guerre des boutons* n'était pour moi qu'un projet comme les autres au départ, avec quelques jours de tournage tout au plus. Inutile de préciser que je n'avais pas lu le roman de Louis Pergaud avant de devenir le père de Bacaillé, le traître de Longeverne.

Au final, le succès considérable de la comédie d'Yves Robert ne tient évidemment pas à mon interprétation ni à celle d'un autre adulte, mais bien aux enfants, et plus particulièrement au P'tit Gibus. Martin Lartigue était tellement spontané qu'il est devenu l'atout numéro 1 du film.

Sur ce tournage et tous ceux qui ont suivi, je me suis toujours bien entendu avec les enfants. En 1976, *La Grande Récré* a eu l'ambition de se comparer à *La Guerre des boutons*, avec le siège de Montmartre et la bataille de garnements contre des promoteurs. Personnellement, si je ne savais pas vraiment exactement ce que je jouais, j'avais conscience d'être nul. Le réalisateur n'avait pas de talent non plus.

Au théâtre, en 1960, je devais jouer *La Voleuse de Londres* de Georges Neveux au théâtre du Gymnase, avec Marie Bell. Alors que nous répétions, l'auteur est venu voir l'avancement de notre travail et j'ai bien compris qu'il n'était pas du tout d'accord avec mon jeu. Il discutait avec Marie Bell, qui tentait visiblement de me défendre. J'ai perdu le rôle, mais j'avais l'esprit ailleurs puisque ma femme était en train d'accoucher de notre premier garçon. Marie Bell était désolée que je sois ainsi débarqué. Elle m'a envoyé une corbeille de fruits extravagante comme savaient le faire les vedettes en leur temps ! Et puisque la vie n'est que paradoxe, j'ai été distribué juste après dans *Les Cochons d'Inde* au théâtre du Vieux Colombier. Bernard Jenny, son nouveau directeur, avait l'ambition de former une troupe comme Jean Vilar et le TNP, sans en avoir les capacités cependant. J'y ai joué la saison suivante Arden de Faversham et *Les Béhohènes*, avec Jean-Pierre Darras et Philippe Noiret. Entre-temps, Vilar m'avait proposé *Les Rustres*.

Les Cochons d'Inde
Auteur : Yves Jamiaque.
Metteur en scène : Yves Jamiaque et Robert Postec.
Création : 29 novembre 1960 au théâtre du Vieux-Colombier.
Avec Christiane Lasquin (Lucia Matouffle), Yvette Étiévant (Marie Matouffle), Michel Galabru (Victor Matouffle), Francis Lax (Mascarou), Jean-Pierre Rambal (Fernand Dugrenier)…

Arden de Faversham
Auteur inconnu. Adaptation d'Yves Jamiaque.
Metteur en scène : Bernard Jenny.
Création : 20 septembre 1961 au théâtre du Vieux-Colombier.
Avec Jean-Pierre Darras (Mosbie), Hubert Deschamps (Michel), Michel Galabru (Will), Rosy Varte (Alice)…
Résumé. – Thomas Arden a été assassiné dans la nuit du 15 février 1551. Son épouse Alice et son amant Mosbie sont à l'origine du drame.
Commentaire. – Cette pièce élisabéthaine a été datée de 1592, sans auteur officiel.

Les Béhohènes
Auteurs : Jean Cosmos et Jean-Pierre Darras.
Metteur en scène : Jean-Pierre Darras.
Création : 20 octobre 1961 au théâtre du Vieux-Colombier.
Avec Philippe Noiret (Cro-Magnon, Jupiter, Louis XIV), Michel Galabru (Zeus, Molière, Louis XVI), Jean-Pierre Darras (Néron, Louis XIV jeune, Racine), Hubert Deschamps (Adjudax, La Fontaine, La Fayette)…
Résumé. – « Récréation musicale sur la bêtise à travers les âges, du paradis terrestre à nos jours » (BNF).

La Fayette
Réalisateur : Jean Dréville.
Scénario et dialogues : Suzanne Arduini et Jean-Bernard Luc.
Sortie nationale : 14 février 1962.
Avec Michel Le Royer (La Fayette), Pascale Audret (Adrienne de La Fayette), Liselotte Pulver (Marie-Antoinette), Orson Welles (Benjamin Franklin), Vittorio De Sica (Bancroft), Michel Galabru (l'aubergiste)...
Résumé. – La vie du jeune aristocrate La Fayette, acquis aux idées des Lumières, de 1776 à 1781, en Europe et en Amérique.

La Guerre des boutons
Réalisateur : Yves Robert.
Scénario et dialogues : François Boyer et Yves Robert, d'après l'œuvre de Louis Pergaud.
Sortie nationale : 18 avril 1962.
Avec Martin Lartigue (P'tit Gibus), Jacques Dufilho (le père de l'Aztec), Pierre Trabaud (l'instituteur), Jean Richard (le père de Lebrac), Michel Galabru (le père de Bacaillé), François Lartigue (Grand Gibus)...
Résumé. – La bataille sans merci entre les gamins de deux villages, Longeverne contre Velrans.
Commentaire. – En France, en 1962, le film d'Yves Robert a réuni près de dix millions de spectateurs en salle, s'inscrivant à la deuxième place du box-office de l'année.

La Grande Récré
Réalisateur : Claude Pierson.
Scénario et dialogues : Huguette Boisvert.
Sortie nationale : 17 mars 1976

Avec Paul Préboist (Paulo), Michel Galabru (le commissaire), Jacques Préboist (Jackie), Marco Perrin (Bouillou), Monique Tarbès (madame Tardieu), Roger Carel (le pharmacien), Gabriel Bacquier (Caruso)…

Résumé. – À Montmartre, un groupe d'enfants s'oppose aux promoteurs d'un projet immobilier, qu'ils surnomment « Les Dalton ».

« Qu'un grand monsieur comme vous se crève la patate à me baratiner… »

Jean Vilar et *Les Rustres* (1961)

Mes sept années à la Comédie-Française m'avaient permis de comprendre que je ne voulais plus appartenir à une troupe dans laquelle les individus s'effacent derrière le titre. Dans ce métier, je le répète, on n'a pas le droit de disparaître, sinon on est aussitôt oublié et les portes se referment. Chez Jean Vilar, la règle était encore différente : le nom de la troupe était moins important que le sien, avec dans l'ordre : mise en scène de Jean Vilar, avec Jean Vilar, et puis après tous les noms des acteurs par ordre alphabétique.

Vous pouviez ainsi passer vingt ans au TNP sans jamais être connu du public. Alors, quand Vilar m'a demandé pour *Les Rustres*, j'avais la ferme intention de refuser. C'est uniquement par politesse que je suis allé au rendez-vous qu'il m'avait donné. Et puis, sur place, Vilar est parvenu à me convaincre avec cette pièce de Goldoni. J'ai écouté mon cœur et j'ai terminé par ces mots :

« Qu'un grand monsieur comme vous se crève la patate à me baratiner... »

Jusqu'au festival d'Avignon en juillet 1961, *Les Rustres* n'avaient jamais été présentés en France. Le metteur en scène s'appelait Roger Mollien. Nous avions été camarades au Conservatoire, avant que nos chemins ne se séparent à la sortie, lui prenant celui du TNP et moi celui de la Comédie-Française. Sur scène figurait aussi Charles Denner, à qui j'avais promis un bel avenir quelque temps plus tôt, après l'avoir vu dans une pièce où il se contentait d'annoncer quelqu'un.

Bien qu'il m'ait choisi, je crois que Vilar ne m'aimait pas, avec mon côté cabot. Il avait de toute façon une antipathie naturelle pour tout le monde. Il régnait sur sa troupe tel un gourou, couchant avec tout ce qui passait sous son nez. Je me souviens qu'il avait laissé tomber Monique Chaumette avant qu'elle soit en couple avec Philippe Noiret. Lorsque Vilar a appris qu'ils sortaient ensemble, il les a chassés tous les deux du TNP ! Officiellement, Noiret a démissionné. Pour vous dire l'humanité de cet homme...

Malgré l'animosité spontanée de Vilar, cette période de ma vie n'a pas été désagréable, à l'exception d'un pépin à Avignon qui n'a pas arrangé notre relation.

Je venais de tourner dans *La Salamandre d'or* à Bruges, un projet de film historique ambitieux, mais une connerie quand même... Or la pellicule a brûlé et la production m'a demandé de revenir en urgence pour retourner mes scènes, alors que nous étions en plein Avignon avec *Les Rustres*. Heureusement, le TNP ne donnait pas le même spectacle tous les soirs. Ne figurant que dans l'un d'entre eux, je ne jouais donc que tous les quatre jours. Ma présence en Belgique ne nécessitait *a priori* qu'une seule journée au maximum. J'ai donc accepté de faire l'aller-retour express. Mais rien ne s'est passé comme prévu.

Quand je suis arrivé sur place, le premier jour, Madeleine Robinson, la vedette du film, n'était pas là. Le deuxième jour, les machinos se sont mis en grève ! Le troisième jour, le tournage a enfin repris normalement. Nous étions donc à la veille de ma représentation des *Rustres*. Sur le plateau, l'équipe me répétait que je ne risquais pas d'être en retard puisque le Mistral partait de Paris à temps pour que je sois à l'heure sur scène à Avignon. J'ai donc quitté Bruges dans la nuit du troisième au quatrième jour avec le photographe du film, qui rentrait lui-même à Paris. Au moment du départ, son amie m'a alerté :

« Tu sais, Michel, je ne devrais pas te le dire, mais sa voiture a de temps en temps des ratés. »

Cela s'est effectivement produit au bout d'une cinquantaine de kilomètres. Quelques minutes plus tard, arrêt complet du moteur... Nous étions perdus tous les deux dans la plaine flamande avec l'horizon complètement vide. Je commençais à en avoir des sueurs froides, mais heureusement la voiture est repartie et nous avons pu rejoindre Paris en fin de matinée, juste à temps pour que je saute dans le fameux Mistral en gare de Lyon.

Une fois dans le train, j'ai pu enfin souffler et je me suis attablé tranquillement dans la voiture-restaurant pour une collation bien méritée.

Le Mistral s'est élancé, avant de s'arrêter brusquement en pleine voie. Le contrôleur a annoncé qu'un troupeau de moutons avait bloqué la circulation du train ! Les yeux rivés à ma montre, je voyais les aiguilles tourner beaucoup trop rapidement. Le train a finalement repris sa circulation jusqu'à la petite gare suivante. Dans le couloir, alors que nous étions à l'arrêt, un voyageur m'a glissé :

« Vous ne serez pas à l'heure à votre spectacle, monsieur Galabru. »

Par précaution, le contrôleur m'a alors conseillé de descendre du train et de terminer la route en taxi. Sans trop réfléchir, j'ai obtempéré. En montant dans la DS, j'ai lancé au chauffeur :

« Avignon !

— Vous êtes fou, monsieur ! proteste-t-il. Il faut d'abord que je prévienne ma femme. Je ne peux pas partir si loin comme ça. »

Sans perdre une minute de plus, j'ai brandi mon carnet de chèques. Et il a foncé. Malheureusement, en arrivant à Avignon, j'ai découvert des centaines de spectateurs qui descendaient des tribunes. J'étais bel et bien en retard. La représentation avait été annulée. Au loin, j'ai entendu :

« Le voilà ! Le voilà ! »

J'ai déboulé dans les coulisses aussi vite que possible. Là, un assistant m'a amené à Vilar. Avec son air théâtral, il était installé sur un trône du décor d'un autre spectacle.

À ce moment-là, le cabot a repris le dessus et j'ai tenté de m'expliquer. L'assistant a fini par proposer :

« Monsieur Vilar, je peux encore faire remonter le public. Il suffit que je donne l'ordre. »

Vilar est resté silencieux sur son trône. Il ne pouvait pas jouer les rois sans en avoir pris les tics ! L'assistant a répété une fois. Deux fois. Et à la troisième, Vilar lui a lancé :

« Alleeeez ! »

Le type s'est précipité, sonnant cloches et trompettes. Et au moment d'entrer en scène, j'ai entendu ce cri venant du public :

« Salaud !

— C'est sans doute un type qui attend ton emploi ! » s'est amusé un camarade.

Nous avons joué ce soir-là et il ne manquait que neuf spectateurs dans les tribunes. Pourtant, j'ai eu droit à un procès et j'ai dû rembourser ces neuf entrées. N'est-ce pas un peu mesquin ?

Au cours de l'été 1963, *Les Rustres* et ce rôle de Lunardo m'ont permis de retrouver mon camarade Jean Pignol, devenu entre-temps réalisateur pour la RTF. Nous n'avions jamais retravaillé ensemble jusqu'à ce projet pour la télévision. Pignol avait, semble-t-il, eu peur que je ne l'empêche de travailler à cause de notre intimité… Il était pourtant le réalisateur et moi son acteur. Je sais respecter ces règles élémentaires. Je n'avais aucune raison de l'embêter et il en fut surpris. Avec les années, nos chemins se sont recroisés plusieurs fois, pour l'émission « Ce soir on égratigne », *Les Gueux au paradis* et son très bon *Tartuffe*. Je me souviens que nous tournions ce Molière pour la télévision dans un château, en décors réels. Il s'agissait d'une demeure ayant appartenu à John Law, ce célèbre ministre des Finances du XVIIIe siècle. Sur un mur du salon, un tableau de maître était troué. J'ai appris que les enfants de Law s'amusaient en leur temps à jouer aux fléchettes dessus. Leur amusement avait une valeur historique !

Les Rustres
Auteur : Carlo Goldoni.
Metteur en scène : Roger Mollien et Jean Vilar.
Création : 18 juillet 1961 dans la cour d'honneur du palais des Papes, Avignon.
Avec Michel Galabru (Lunardo), Christiane Minazzoli (Felice), Roger Mollien (Canciano), Philippe Avron (Filipetto), Charles Denner (Canciano)…
Résumé. – À Venise, Lunardo prive sa fille Lucietta de toute distraction. Le « rustre » l'a même fiancée à un jeune homme, sans lui avoir révélé son identité.
Commentaire. – Au cours de sa carrière, Michel Galabru a rejoué *Les Rustres* à de nombreuses reprises, notamment en 1982 (mise en scène de Claude Santelli), en 1988 (sur sa propre mise en scène) et en 2004 (mise en scène de Francis Joffo), à Paris et en tournée. En août 1963, Jean Pignol a proposé une adaptation de la comédie vénitienne sur la RTF.

La Salamandre d'or
Réalisateur : Maurice Régamey.
Scénario et dialogues : Maurice Régamey, André Cerf et Jean-François Noël.
Sortie nationale : 2 août 1963.
Avec Madeleine Robinson (Louise de Savoie), Valérie Lagrange (Anne de Guise), Jean-Claude Pascal (Antoine de Montpezat), Rellys (Clotaire), Michel Galabru (l'alchimiste), Scilla Gabel (Béatrice)...

Les Gueux au paradis
Réalisateur : Jean Pignol.
Scénario et dialogues : André Obey, d'après l'œuvre de Gaston-Marie Martens.
Diffusion TV : 30 septembre 1967 sur la première chaîne de l'ORTF.
Avec Michel Galabru (Boule), Philippe Clay (Rietje), Jean-Claude Arnaud (le barman), Hubert Lapparent (le duc d'Albe), Paul Préboist (le menuisier)...
Résumé. – Déguisés en saint Nicolas et saint Nicomède, Boule et Rietje se font renverser au soir de la Saint-Nicolas. Les deux buveurs arrivent en enfer, avant de rejoindre le paradis.
Commentaire. – Outre des dramatiques et des fictions, Jean Pignol a également réalisé l'émission « Ce soir on égratigne », à laquelle Michel Galabru a participé, à la fin des années 1960.

Tartuffe
Réalisateur : Jean Pignol, d'après l'œuvre de Molière.
Diffusion TV : 24 septembre 1980 sur TF1.

Avec Michel Galabru (Tartuffe), Bernard Fresson (Orgon), Yolande Folliot (Elmire), Micheline Dax (Dorine)…

Résumé. – Madame de Pernelle vante à ses petits-enfants les vertus d'un certain Tartuffe, ami de son fils Orgon. Qui est vraiment ce cher Tartuffe ? Un hypocrite, selon Cléante et Elmire…

« Prend mon relais, j'ai plus de voix ! »

Francis Blanche et *Tartarin de Tarascon* (1962)

Tartarin de Tarascon fut un gros échec en 1962, mais je me suis quand même bien marré avec Francis Blanche. Comme tous les autres, son nom s'efface aussi. Le public d'aujourd'hui se souvient vaguement du chansonnier connu pour ses bons mots. Ses talents de comédien ont peu à peu été oubliés ou sont réduits aux *Tontons flingueurs*.

Une partie de son *Tartarin* a été tournée à Casablanca, au Maroc. L'une des scènes prévues au script se déroulait dans un restaurant du bord de mer. Plutôt que de créer le décor de toutes pièces, Francis Blanche avait choisi un établissement existant, mais personne n'avait pris le soin de louer les lieux pour les privatiser complètement. Sur place, il exigeait le silence, mais il n'avait pas remarqué qu'un client dînait au fond de la salle, entouré de jolies femmes. Blanche a demandé à un assistant de les faire taire immédiatement. Quelques instants après, ce dernier est revenu :

« Qu'est-ce qu'il y a ? s'est agacé Francis Blanche.

— Il m'a dit qu'il s'en fout », a répondu l'assistant.

Et alors là, Francis Blanche est devenu fou. Affublé de son costume de Tartarin, il a foncé vers la table en question, a pris les verres et les a brisés en hurlant. Le client l'a regardé droit dans les yeux :

« Monsieur Francis Blanche. Tout Francis Blanche que vous êtes, vous n'êtes que de la merde de mon cul ! »

Nous avons appris plus tard qu'il s'agissait d'un ministre.

Une autre fois, je l'attendais dans le hall de notre hôtel après le déjeuner. Lorsque les portes de l'ascenseur se sont ouvertes, Blanche et le producteur s'engueulaient. Leur dispute a duré toute la traversée de l'hôtel et a continué jusque dans la voiture qui nous amenait sur le tournage. À l'intérieur, Francis Blanche a eu cette repartie extraordinaire qui lui ressemble tant. Il a dit à son assistant :

« Prend mon relais, j'ai plus de voix ! »

Tous les deux, nous avons toujours eu de très bonnes relations. Les films que nous avons faits ensemble sont tous d'excellents souvenirs, même si ce ne sont pas des chefs-d'œuvre, à l'image des *Baratineurs*, *Un merveilleux parfum d'oseille* ou *La Grande Maffia*, entre autres. Fort heureusement, nous n'étions pas dupes. Que dire encore des *Enquiquineurs* ? Le metteur en scène, Roland

Quignon, n'entendait absolument rien. Tout un poème… Il nous a aussi réunis au générique d'*Aux frais de la princesse*. Le pauvre homme ne pouvait plus tourner après 5 heures de l'après-midi. Son assistant prenait sa relève lorsqu'il était à bout de forces. À Chamonix, sur ce tournage, Blanche nous a encore bien fait rire. Dans sa jeunesse, la patronne de notre hôtel, plutôt belle fille, avait été danseuse d'opéra. La clientèle de son établissement était principalement composée de rois et de princesses, ce dont elle était très fière. Un soir, Francis Blanche leur a fait un clin d'œil mémorable. Il est entré au restaurant en grande pompe avec une couronne de galette des Rois sur la tête !

Tartarin de Tarascon
Réalisateur : Francis Blanche.
Scénario et dialogues : Francis Blanche et Yves Audouard, d'après l'œuvre d'Alphonse Daudet.
Sortie nationale : 23 novembre 1962.
Avec Francis Blanche (Tartarin), Jacqueline Maillan (madame Bézuquet), Alfred Adam (prince Grégori de Monténégro), Hubert Deschamps (Ledévèze), Paul Préboist (Costecalde), Michel Galabru (Barbassou)…
Résumé. – Chasseur mythomane, Tartarin est un véritable héros dans sa Provence. Il se voit contraint d'aller chasser le lion dans l'Atlas.
Commentaire. – En 2012, Jérôme Savary a monté *Tartarin de Tarascon* pour France 2, avec Élie Semoun, Martin Lamotte, Patricia Samuel et Marie-Julie Baup. Michel Galabru a repris le rôle d'Antoine Tartarin.

Les Baratineurs
Réalisateur : Francis Rigaud.
Scénario et dialogues : Francis Rigaud, Claude Viriot et Albert Simonin.
Sortie nationale : 1er février 1965.
Avec Michel Serrault (Henri), Darry Cowl (César Brandini), Jean Poiret (André), Francis Blanche (Louis Dujardin), Pascale Roberts (Jacqueline Dujardin), Michel Galabru (l'entrepreneur)...

Les Enquiquineurs
Réalisateur : Roland Quignon.
Scénario et dialogues : Annie Dulac.
Sortie nationale : décembre 1965.
Avec Francis Blanche (Achille Éloi), Marthe Mercadier (Hélène Éloi), Michel Serrault (Martin), Gabriello (le directeur), Michel Galabru (Dagobert, le garde champêtre)...

Aux frais de la princesse
Réalisateur : Roland Quignon.
Scénario et dialogues : Pierre Léaud.
Sortie nationale : 4 juillet 1969.
Avec Francis Blanche (Achille Éloi), Marthe Mercadier (Hélène Éloi), Roger Nicolas (Spartaquès), Michel Galabru (Dagobert, le garde champêtre), Henri Tisot (Valentin), Pierre Doris (le préfet)....
Résumé. – La famille Eloy a gagné le concours de « la famille française modèle ». Ils ont remporté un séjour à la neige. Mais il y a eu erreur d'attribution du prix, et les vrais gagnants arrivent...

Un merveilleux parfum d'oseille
Réalisateur : Renaldo Bassi.
Scénario et dialogues : René Havard.
Sortie nationale : 14 août 1969.
Avec Yves Rénier (Yves), Francis Blanche (Loïc), Françoise Rosay (Louise de Kerfunkel), Michel Serrault (l'inspecteur), Michel Galabru (le notaire), Jean Carmet (Karl), Jacques Dufilho (Job)...

La Grande Maffia
Réalisateur : Philippe Clair.
Scénario et dialogues : Philippe Clair.
Sortie nationale : 17 septembre 1971.
Avec Francis Blanche (Modeste Miette), Micha Bayard (mademoiselle Pussiau), Aldo Maccione (Aldo), Michel Galabru (le papa), Amarande (la veuve Cartone), Sim (Balempier)...
Résumé. – En greffant le cœur d'un gangster au malheureux Modeste Miette, des criminels espèrent dévaliser la banque Rotfeller. Après l'opération, l'employé de banque change de caractère.
Commentaire. – Il s'agit de l'un des premiers rôles d'Aldo Maccione, membre du groupe comique des « Tontos ».

Michel Galabru obtient
le premier prix
au Conservatoire
en 1950.

Avec Bernadette Lafont dans *L'Eau à la bouche*
de Jacques Doniol-Valcroze, 1960.

Avec Louis de Funès
dans *Nous irons à Deauville*
en 1962.

Gilles Grangier dirige Fernandel et Galabru
dans *La Cuisine au beurre* en 1963.

Jean Rochefort, Michel Galabru et Charles Denner dans *Les Pieds nickelés* en 1964.

Le Gendarme de Saint-Tropez (Jean Lefebvre, Michel Galabru et Louis de Funès), 1964.

Avec Louis de Funès dans *Le Gendarme de Saint-Tropez*, 1964.

Galabru et De Funès dans *Le Gendarme à New York*, 1965.

Avec Jacques Toja dans *Angélique et le roy* en 1966.

Dans *Monsieur le Président-directeur général*,
film de Jean Girault, 1966.

Avec Micheline Dax
dans *La Honte de la famille*, 1969.

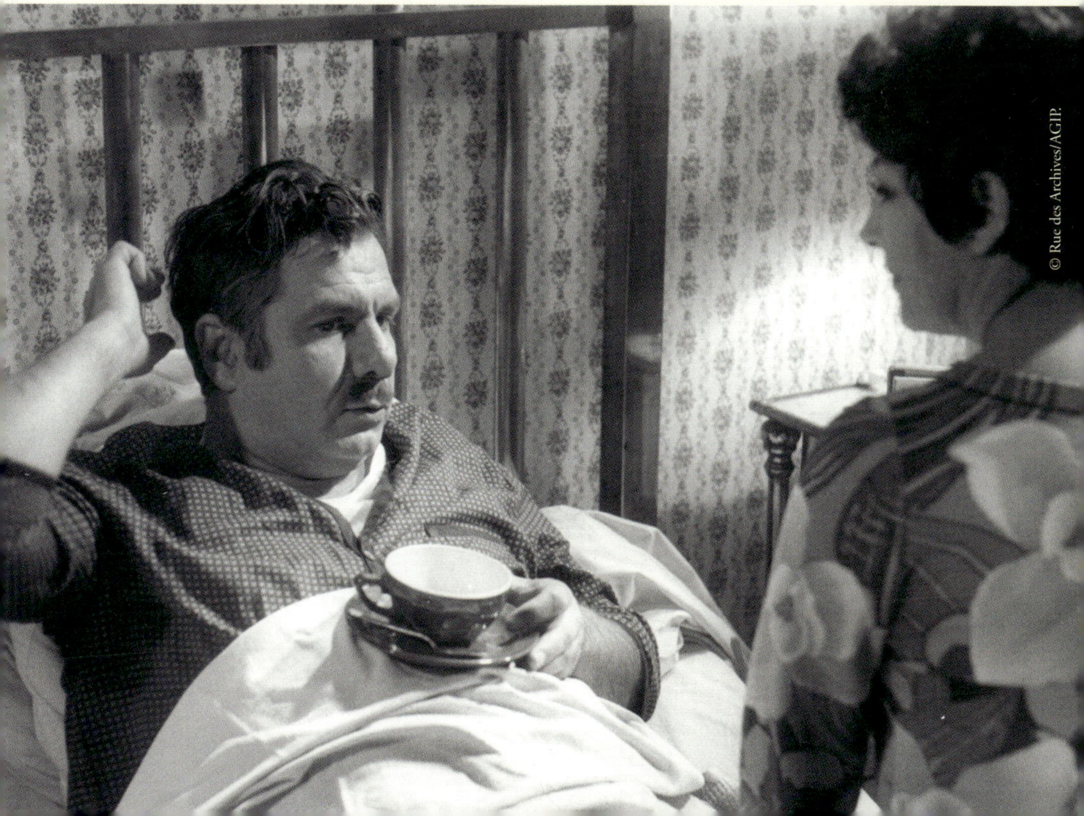

Jean-Pierre Marielle et Michel Galabru dans *Les Poissons rouges*, la pièce de Jean Anouilh, au théâtre de l'Œuvre en janvier 1970.

Avec Louis de Funès dans *Le Gendarme en balade*, 1970.

Michel Galabru, Louis de Funès
et Bernard Blier dans *Jo*, 1971.

Dans *Le Concierge*,
en 1973.

Le Viager, 1972 (de gauche à droite) : Jean-Pierre Darras, Rosy Varte, Michel Serrault, Odette Laure, Michel Galabru.

Quelques messieurs trop tranquilles, avec Jean Lefebvre, 1973.

« Vous ferez mon prochain film ! »

Rencontre avec Fernandel, *Le Voyage à Biarritz, La Cuisine au beurre...*

Au-delà du théâtre, de la télévision et du cinéma, la radio employait aussi beaucoup de comédiens, parfois de grands noms et souvent des types comme moi, à l'affût de la moindre opportunité pour boucler leurs fins de mois. J'ai reçu un coup de téléphone pour donner la réplique à Fernandel, dont le partenaire était malade. Si je ne connaissais pas encore l'homme derrière l'acteur, il appartenait aux vedettes de ma jeunesse. Je me souvenais très bien des *Cinq sous de Lavarède*, sorti un peu avant la guerre. Mon frère et moi avions tellement ri que nous étions restés au cinéma pour toutes les séances de la journée. Nos parents étaient venus nous chercher le soir, complètement affolés de ne pas nous voir revenir à la maison.

Au studio de la radio, Fernandel a entendu ma voix et m'a lancé :

« Vous êtes du Midi ?

— Oui.

— D'où ?
— Montpellier.
— Vous ferez mon prochain film ! »
« Cause toujours », ai-je alors rigolé *in petto*.

Fernandel a pourtant tenu parole et je me suis retrouvé engagé sur *Le Voyage à Biarritz*, l'adaptation d'une pièce que fort curieusement j'avais déjà jouée à la Comédie-Française. Après ce premier film, il s'est pris d'amitié pour moi sans que je sache jamais pourquoi. En l'espace de peu de temps, j'ai participé à tous ses projets, ou presque.

Dans *La Cuisine au beurre*, j'ai ainsi eu la chance d'assister à sa rencontre avec Bourvil. Dans toutes leurs scènes, j'ai constaté que Bourvil prenait de l'ascendant sur lui. Il était très malin et bien plus intelligent que la moyenne. Pour prendre un exemple me concernant au premier chef, je devais tourner une scène muette, au cours de laquelle il fallait que je lance une corde pour accoster une barque, avec Fernandel à bord. Je ne savais pas quoi faire pour rendre la chose comique. Et puis Bourvil a pris ma place dans la barque et reçu les mêmes consignes. Lui, au lieu d'accoster, a volontairement loupé la marche pour finir dans l'eau. Tous les machinistes étaient hilares.

Quelques années plus tard, la télévision m'a appelé pour jouer un sketch face à lui, au générique de « Ce soir on égratigne » de mon ami Pignol. À la lecture du texte, je pensais avoir le meilleur rôle. Au tournage, Bourvil m'a retourné comme une crêpe, génialissime.

Quand vous vous rendez compte que le type face à vous est plus fort, si vous n'êtes pas trop con, vous ne bronchez pas. Vous comprenez aussi pourquoi il a la place que vous n'avez pas sur les affiches.

L'humour de Fernandel se situait à l'opposé de celui d'un Bourvil. Il n'avait pas sa finesse. Lorsqu'un réalisateur le laissait faire son numéro, il recommençait ses éternelles grimaces que tout le monde connaissait par cœur et ça donnait *Le Bon Roi Dagobert*...

Quand nous tournions en extérieur, Fernandel sortait de sa voiture et souriait outrancièrement à la foule qui l'applaudissait. Sur les plateaux, il lui arrivait parfois de lancer des plaisanteries grasses. Tout le monde riait par complaisance, rien de plus. Je revois encore cette scripte, plutôt âgée, qui ne semblait pas amusée par son énième gros gag. Il s'était tourné vers elle avec cet air supérieur :

« Cela ne vous fait pas rire, madame ?

— Excusez-moi monsieur, mais j'ai oublié mon dentier », avait-elle dit, gênée, et nous tout autant.

Hors des caméras, Bourvil avait au contraire l'allure d'un véritable ingénieur en costume.

Fernandel n'en reste pas moins l'un des plus grands comiques du cinéma français, comme il y en a eu peu. Quand il tournait avec Marcel Pagnol ou un autre grand bonhomme de cette trempe, il faisait des merveilles et les films devenaient des chefs-d'œuvre à cause de leur niveau d'exigence envers lui. Du reste, Pagnol et Fernandel se sont souvent bagarrés. Ils avaient plus de différences que de points communs. Pagnol lisait le latin dans le texte, écrivait et faisait même des recherches en mathématiques. Fernandel avait un talent extraordinaire pour la clownerie. Il y a eu des disputes célèbres entre eux. Marcel Pagnol lui a dit un jour sur un tournage, devant témoins :

« Mais non, toi tu es un pitre. Tu ne resteras pas à travers les siècles. Tandis que moi je suis un auteur. Ce sont des choses qui demeureront. »

Fernandel n'était évidemment pas du tout d'accord. À la fin de leur échange, dans l'excitation, Pagnol a conclu :

« Et puis tu es un con. »

L'autre était reparti très blessé.

« Marcel m'a traité de con, mais il ne le pensait pas. D'ailleurs, il va s'excuser. »

Et quelques jours plus tard, une lettre est arrivée à son domicile. Fernandel aurait dit à sa femme :

« Marcel m'envoie une lettre pour s'excuser. »

Le courrier disait plus exactement : « J'ai dit que tu étais un con et je le maintiens ! »

Après quelques années, Fernandel s'est lassé de moi. A-t-il été déçu ? Je ne sais pas. Au terme du tournage de *La Bourse et la vie*, tout était fini. Lorsqu'il est mort, je suis allé lui rendre un dernier hommage chez lui. J'estimais qu'il avait été gentil avec moi.

Le Voyage à Biarritz
Réalisateur : Gilles Grangier.
Scénario et dialogues : Gilles Grangier, Raymond Castans et Jean Manse, d'après l'œuvre de Jean Sarment.
Sortie nationale : 15 mars 1963.
Avec Fernandel (Guillaume Dodut), Arletty (Fernande), Daniel Ceccaldi (Bonnenfant), Michel Galabru (Touffanel), Rellys (Louis)...
Résumé. – À Puget-sur-Var, Guillaume Dodut apprend que le train ne marquera plus l'arrêt dans sa gare, tandis qu'il veut marier son fils à Thérèse, qui travaille au guichet.

Le Bon Roi Dagobert
Réalisateur : Pierre Chevalier.
Scénario et dialogues : Raymond Castans, Jean Manse, Albert Valentin et Gérard Carlier.
Sortie nationale : 20 novembre 1963.
Avec Fernandel (Pelletan/Dagobert), Marthe Mercadier (madame Pelletan/la reine), Dario Moreno (Charibert), Michel Galabru (Pépin), Pascale Roberts (Mata/Clotilde), Darry Cowl (le bourreau)...
Résumé. – Le jeune Pelletan a reçu une punition à l'école : écrire cent lignes sur le roi Dagobert. Sa famille devient héroïne de l'Histoire réinterprétée.

La Cuisine au beurre
Réalisateur : Gille Grangier.
Scénario et dialogues : Jean Lévitte et Pierre Lévi-Corti.
Sortie nationale : 20 décembre 1963.

Avec Bourvil (André), Fernandel (Fernand Jouvin), Claire Maurier (Christiane), Andrex (Pelletan), Michel Galabru (Maximin), Henri Vilbert (maître Sarrazin)...

Résumé. – Après la guerre, Fernand revient chez lui et découvre que son restaurant à bouillabaisse est devenu une auberge normande. Sa femme, le croyant mort, a épousé André.

Commentaire. – *La Cuisine au beurre* a réuni 6,4 millions de spectateurs dans les salles.

La Bourse et la vie

Réalisateur : Jean-Pierre Mocky.

Scénario et dialogues : Jean-Pierre Mocky, François Marzelle et Marcel Aymé.

Avec Fernandel (Charles Migue), Jean Poiret (Pelepan), Michel Galabru (maître Laprise), Heinz Rühmann (Henry Schmidt), Jacques Legras (Tapu), Darry Cowl (Marquy)...

Résumé. – De Toulouse à Paris, le voyage de Migue et Schmidt, chargés par leur directeur de transporter une importante somme d'argent.

Sortie nationale : 27 avril 1966.

« M'en parle pas, con. Il veut faire chanteur ! »

La Bande à Bobo (1963)

Très souvent, des journalistes ou des camarades me demandent pourquoi j'ai joué tel ou tel rôle. *La Bande à Bobo* illustre parfaitement les situations de la vie qui vous poussent à accepter n'importe quoi. Cette année-là, les vacances d'été approchaient à grands pas. Ma femme se faisait pressante quant au choix du lieu où nous partirions. Je n'avais pas d'engagement en vue, aucun cachet et le mois de juillet s'annonçait. Par miracle me parvient alors un scénario, apporté par un imprésario qui cherchait à créer sa propre agence. Il m'avoue :

« Ce n'est pas terrible, mais c'est tout ce que j'ai à vous offrir. »

J'ai donc accepté *La Bande à Bobo*, parce que les défraiements à eux seuls me permettaient de partir en vacances avec ma famille.

En revanche, je n'ai pas imaginé une seule seconde les difficultés que nous allions rencontrer sur ce tournage.

Le scénario que j'avais à peine survolé était construit autour de chats. Le plateau en était envahi. Moi qui aime les animaux, nous pouvions sentir de la haine dans leurs regards, car l'équipe les confinait dans des boîtes. Ils nous griffaient par vengeance. C'était épouvantable !

Fernand et Jackie Sardou étaient eux aussi de l'aventure. Un jour, j'ai vu arriver leur fils d'une quinzaine d'années, avec une guitare sous le bras. Poliment, comme c'est l'usage en pareilles circonstances, j'ai demandé à ses parents ce qu'il envisageait de faire plus tard.

« M'en parle pas, con. Il veut faire chanteur ! », a déploré son père.

Entre-temps, le petit Michel a bien réussi sa carrière.

> *La Bande à Bobo*
> Réalisateur : Tony Saytor.
> Scénario et dialogues : Richard Winckler et Jean Dalten.
> Sortie nationale : 11 décembre 1963.
> Avec Jean-Pascal Duffard (Bobo), Armand Bernard (Antoine), Michel Galabru (Bourrache), Gaby Morlay (la comtesse Del Mariano), Fernand Sardou (le maire)…
> Résumé. – Au Castallet, la guerre a été déclarée contre les chats. Un groupe d'enfants, « la bande à Bobo », prend la défense des félins.

« Non seulement ça ne m'amuse pas, mais ça ne m'intéresse pas ! »

Les Pieds nickelés (1964)

Adapter *Les Pieds nickelés* au cinéma fut un pari pour le moins raté. « Nullissime » serait peut-être un terme encore plus approprié ! Jean-Pierre Marielle, Charles Denner et moi avions été convoqués chez le jeune metteur en scène pour une première lecture du scénario. Les parents de sa femme possédaient les droits de l'œuvre, ce qui lui offrait de belles perspectives d'avenir. Ils nous ont reçus en amis dans une sorte d'HLM. Au bout de seulement quelques pages, Marielle a commencé à piquer du nez, au point que, soudain, sa tête a cogné violemment contre le mur. « Réveillé » en sursaut, il a poussé un cri et je n'ai pas pu retenir mon fou rire, pas plus que Denner. C'était une situation très gênante, mais nous étions incapables de nous contenir.

À la toute fin du scénario, le réalisateur nous a naturellement demandé nos impressions. Le moment était délicat. Marielle a été le premier à se lever et réagir :

« Non seulement ça ne m'amuse pas, mais ça ne m'intéresse pas ! »

Le jeune cinéaste s'est ensuite retourné vers moi et Denner… Nous avons d'abord cherché nos mots, avant d'accepter sa proposition comme deux faux jetons.

En sortant de l'HLM, j'ai tenté d'expliquer ma situation à Marielle :

« Moi je m'en fous. J'ai tourné dans tellement de merdes que je ne vois pas pourquoi je ne tournerais pas celle-là. »

Il m'a répondu tout net :

« Alors là, tu as tort parce que ça va se voir. »

Au final, en partie sur les conseils de Belmondo, Rochefort a repris le rôle qui avait été initialement proposé à Marielle. Il croyait sincèrement que le metteur en scène accepterait des aménagements du texte lorsque nous serions sur le plateau. Mais Rochefort n'a rien pu faire, et ce fut un fiasco complet. Ces héros de bande dessinée n'avaient pas leur place dans un film classique. À la limite, ils l'auraient eue dans un dessin animé. À Vichy, Rochefort a préféré quitter l'avant-première plutôt que d'affronter le public. Dans son discours de présentation, il avait fait une annonce explicite :

« J'espère qu'après le film je pourrai encore vous saluer. »

Je me souviens également d'un Noël où mes enfants avaient invité des camarades de l'école. *Les Pieds nickelés* passaient justement à la télévision. Ils se sont tous installés face au poste, avant de repartir au bout de cinq minutes. Ils n'ont pas insisté. L'anecdote en dit suffisamment long.

Les Pieds nickelés

Réalisateur : Jean-Claude Chambon.

Scénario et dialogues : Jean-Claude Chambon et Claude Pennec, d'après l'œuvre de Forton.

Sortie nationale : 30 septembre 1964.

Avec Michel Galabru (Ribouldingue), Jean Rochefort (Croquignol), Charles Denner (Filochard), Francis Blanche (le commissaire Lenoir), Julien Carette (Merluche)…

Résumé. – Ribouldingue, Filochard et Croquignol se lancent dans l'escroquerie. Les trois clochards tentent l'aventure avec un bateau-mouche.

« Vous me mettez de Funès et après je veux des ringards »

Louis de Funès, *Nous irons à Deauville*, *Le Gendarme de Saint-Tropez* (1964)

Louis de Funès et moi nous sommes connus à l'occasion d'engagements à la radio, comme tous les acteurs de notre génération. Mon premier film avec lui n'est pas *Le Gendarme de Saint-Tropez*, mais *Nous irons à Deauville*. C'était en 1962 et personne n'osait alors risquer la carte de Funès dans le premier rôle. Pourtant, il ne mettrait pas longtemps à acquérir la célébrité qu'on lui connaît.

À l'affiche de cette comédie banale de Francis Rigaud figuraient un tas de cons avec de bonnes têtes, comme Poiret, Serrault, Carmet, de Funès et accidentellement un acteur comme moi, inférieur à tous les autres. Nous étions souvent réunis les uns ou les autres autour d'un petit sujet sans intérêt ni prétention artistique, à visée uniquement commerciale.

L'été suivant, ma femme voulut absolument aller à Saint-Tropez. Les médias avaient fait de ce village le lieu incontournable. Nous voici donc installés à l'hôtel de La Ponche, avec la mer à portée de main. Le lendemain matin, en ouvrant les volets, j'ai aperçu un groupe d'hommes installés autour d'une table en train de prendre le petit déjeuner. J'ai alors entendu l'un d'eux dire distinctement :

« Vous me mettez de Funès, et après je veux des ringards. Je ne veux pas les payer ! »

Je me suis retourné vers ma femme, plaignant ces pauvres acteurs qui seraient bientôt engagés… Je ne me doutais pas encore que ce serait moi ! Nous sommes rentrés à Paris et, le jour même de notre retour, j'ai reçu une convocation expresse d'une maison de production. Là, on m'a donné la brochure du *Gendarme de Saint-Tropez*, un billet de train et une consigne :

« Demain, vous serez sur la plage de Saint-Tropez ! »

Mon cachet serait de 6 000 francs, avec des défraiements.

Avant de partir pour la côte d'Azur, j'ai évoqué ce nouveau projet avec mon ami Jean Rochefort. Je le revois encore me plaindre, comme désespéré :

« Mais tu ne vas pas tourner dans *Le Gendarme de Saint-Tropez*, quand même ! »

Il n'y avait effectivement aucune illusion à se faire sur la teneur de ce scénario. Le titre en disait suffisamment ! Pour moi, je venais d'accepter une connerie de plus parce que je n'avais rien d'autre. En vérité, j'ai obtenu le rôle de Gerber parce que Pierre Mondy, pressenti en premier lieu pour le tenir, n'était pas libre…

Sur le tournage du premier *Gendarme*, nous nous connaissions déjà tous. Aucun d'entre nous n'imaginait une seule seconde le succès qu'allait rencontrer ce film. À la sortie, d'ailleurs, les échos n'étaient pas francs. Mais au fil des jours et des semaines, le nombre de spectateurs a augmenté. À l'époque, les films restaient un peu plus longtemps à l'affiche qu'aujourd'hui. Ce *Gendarme de Saint-Tropez* a finalement été le plus gros succès de l'année 1964. Non que je sois devenu du jour au lendemain aussi populaire que Maurice Chevalier, néanmoins le public me reconnaissait, et cette petite notoriété s'est révélée plus durable qu'au temps de mes premières télévisions. Au début, vous êtes flatté d'attirer les regards dans les grands magasins. Et puis rapidement, vous vous apercevez qu'on vous confond avec quelqu'un autre !

Le Gendarme de Saint-Tropez a connu plusieurs suites, avec plus ou moins de réussite. Le deuxième *Gendarme* nous a transportés jusqu'en Amérique. Entre-temps, j'ai tourné plusieurs films aux intérêts variables.

Philippe Noiret, Jean Richard et Jacques Dufilho ont partagé avec moi l'affiche de *Clémentine chérie*. En replongeant ainsi dans ma filmographie, je me demande pourquoi j'ai toujours ce privilège d'être cité en exemple à chaque fois qu'il est question d'un mauvais film... Mes trois camarades aussi en ont tourné ! Tous autant qu'ils sont ! Dans *La Bonne Occase*, il y avait encore une fois tous les rigolos de l'époque, mais également des gens aussi respectables qu'Edwige Feuillère. Nous n'étions pas dupes et ne cachions pas notre but : gagner un cachet et nous amuser. J'ai pareillement un souvenir très agréable de *Moi et les hommes de 40 ans* avec Dany Saval. Nous avons été hébergés au Normandy pendant quelques jours, ce qui ne gâche rien…

Il n'était de toute façon pas question de rater un film, aussi mauvais soit-il. Alors quand j'ai reçu une proposition, la même année, pour *Angélique et le Roy* de Bernard Borderie, j'ai d'autant moins hésité que ce film reposait sur un ballet de bons comédiens : Robert Hossein, Jean Rochefort et Sami Frey. Au centre trônait Michèle Mercier, belle fille, mais sans talent. Quand le filon *Angélique* s'est épuisé, les producteurs n'en ont d'ailleurs plus voulu. Un metteur en scène a souhaité l'engager sur un autre projet, contre l'avis de son financier. Il nous a donc demandé, à Darry Cowl, Jean Lefebvre et moi-même, de signer un document pour l'appuyer. Mercier n'a pas été prise pour autant. Comment s'était-elle conduite avec ses partenaires au sommet de sa gloire ? Les gens n'oublient pas si facilement. À moi en tout cas, elle disait à peine bonjour… Parfois, il suffit qu'on se comporte de manière un peu provocatrice, ou que la conjoncture change, et tout peut subitement s'arrêter. Pour ma part, j'ai retrouvé Robert Hossein et Bernard Borderie pour *Brigade antigang* peu après. Je n'ai tourné qu'un seul jour, mais ce fut mémorable. Robert Hossein et moi, on se racontait des tas de cochonneries. L'ingénieur du son a tout enregistré !

Nous irons à Deauville
Réalisateur : Francis Rigaud.
Scénario et dialogues : Francis Rigaud, Jacques Vilfrid et Claude Viriot.
Sortie nationale : 24 décembre 1962.
Avec Michel Serrault (Lucien Moreau), Claude Brasseur (Maurice Dubois), Louis de Funès (Ludovic Lambresac), Pascale Roberts (Monique Moreau), Jean Carmet (le porteur), Michel Galabru (Mercier), Colette Castel (Jacqueline Dubois)...
Résumé. – Les vacances mouvementées de deux amis, Lucien Moreau et Maurice Dubois, accompagnés de leur famille à Deauville.

Clémentine chérie
Réalisateur : Pierre Chevalier.
Scénario et dialogues : Jean Bellus.
Sortie nationale : 4 août 1964.
Avec France Anglade (Clémentine), Jean Richard (Auguste), Pierre Doris (Gaston Bellus), Michel Galabru (l'ingénieur), Claude Nicot (Alain), Jean Tissier (Versigny)...

Le Gendarme de Saint-Tropez
Réalisateur : Jean Girault.
Scénario et dialogues : Richard Balducci, Jacques Vilfrid et Jean Girault.
Sortie nationale : 9 septembre 1964.
Avec Louis de Funès (le maréchal des logis-chef Ludovic Cruchot), Michel Galabru (l'adjudant Jérôme Gerber), Geneviève Grad (Nicole Cruchot), Jean Lefebvre (Fougasse), Christian Marin (Merlot), Guy Grosso (Tricard), Michel Modo (Berlicot)...

Résumé. – À peine muté à Saint-Tropez, le maréchal des logis-chef Cruchot part en chasse contre les nudistes, sous les ordres de l'adjudant Gerber. Sa fille, Nicole, découvre la haute société estivante.

Commentaire. – Au box-office, le premier opus de la série a réuni 7,8 millions de spectateurs dans les salles de cinéma, le plus gros succès de l'année 1964.

La Bonne Occase

Réalisateur : Michel Drach.

Scénario et dialogues : Pierre Hébey et Jean-Pierre Grenier.

Sortie nationale : 9 mars 1965.

Avec Jacqueline Maillan (Maria Ramirez), Edwige Feuillère (la comtesse de Saint-Pias), Jean-Louis Trintignant (Jacques Danzac), Michel Serrault (monsieur Hutin), Marie-Josée Nat (Béatrice), Michel Galabru (Colmar), Jean-Pierre Marielle (Landrut), Francis Blanche (Paul Soufflé)...

Moi et les hommes de 40 ans

Réalisateur : Jack Pinoteau.

Scénario et dialogues : Jean-Jacques Rouff et Philippe Bouvard.

Sortie nationale : 19 mars 1965.

Avec Dany Saval (Caroline), Michel Serrault (Bénéchol), Paul Meurisse (Alexandre Dumourier), Michel Galabru (Bricaud), Paolo Ferrari (Casserti)...

Angélique et le Roy
Réalisateur : Bernard Borderie.
Scénario et dialogues : Alain Decaux et Francis Cosne, d'après l'œuvre d'Anne et Serge Golon.
Sortie nationale : 31 janvier 1966.
Avec Michèle Mercier (Angélique), Jean Rochefort (Degrez), Sami Frey (Bachtiary Bey), Claude Giraud (Philippe de Plessis-Bellières), Michel Galabru (Bontemps)...

Brigade antigang
Réalisateur : Bernard Borderie.
Scénario et dialogues : Auguste Le Breton et Francis Cosne.
Sortie nationale : 19 août 1966.
Avec Robert Hossein (le commissaire Le Goff), Pierre Clémenti (Trois Pommes), Gabriele Tinti (Jobis Le Goff), Raymond Pellegrin (Roger Sartet), Michel Galabru (Larmeno)...

« Il ne fallait plus nous parler de New York »

Le Gendarme à New York (1965)

Le tournage du *Gendarme à New York* a été très curieux. Nous avons travaillé dans d'excellentes conditions grâce au premier succès. Nous logions dans de très grands hôtels et mangions dans de bons restaurants. Et pourtant, toute l'équipe a eu un cafard pas possible. Terrible ! Le dernier jour, nous en avions tous tellement marre que certaines réactions étaient complètement disproportionnées. Dans le bus qui nous ramenait à l'aéroport, le directeur de production avait prévenu un régisseur qu'il ne prendrait pas l'avion de 9 heures, comme convenu, mais le suivant, à 10 heures. Le technicien s'est emporté, pris d'une furie incontrôlable :

« Je n'en peux plus ! », criait-il.

Nous avons tous éclaté de rire. Tout le monde « n'en pouvait plus » ! Même pour une heure, il ne fallait plus nous parler de New York. Les pauvres Grosso et Modo devaient rester sur place un peu plus longtemps que nous pour la nouvelle expérience de Robert Dhéry sur Broadway.

Ils étaient très embêtés, pas loin de la déprime absolue. Nous étions à bout de nerfs.

Rien ne peut expliquer les raisons qui ont fait virer ce tournage au cauchemar. Quelques années plus tôt, j'avais eu la chance de découvrir New York avec la Comédie-Française, au cours de l'une de nos tournées internationales. J'en étais revenu complètement emballé. Le retour en France s'est fait par bateau, et Le Havre m'était apparu comme deux ou trois lanternes perdues dans l'eau. À la gare Saint-Lazare, mon père et ma mère m'attendaient avec leur petite 4CV. Puis ils nous avaient amenés, mon frère et moi, dans un bistrot parisien pour manger un triste sandwich, avant de nous montrer les nouvelles lumières sur les Champs-Élysées. Qu'elles paraissaient minables par rapport à celles de Broadway !

En 1965, au contraire, j'ai vécu l'horreur totale à New York. Le calvaire a démarré dès le débarquement du paquebot *France*, après la traversée de l'Atlantique durant laquelle nous avions tourné quelques scènes. Dès notre arrivée, les douaniers ont fouillé toutes nos valises en déballant nos vêtements avec leurs mains sales. Une fois à l'hôtel, quelqu'un s'est aperçu que son portefeuille avait été volé. Et dans la ville, les travaux nous dérangeaient à chaque coin de rue. Sans parler de cette chaleur…

Il y a surtout eu un autre problème durant la production – qui allait se confirmer aux tournages suivants. Jean Lefebvre ne cachait plus sa jalousie envers Louis de Funès. Je n'étais pas au premier rang pour témoigner, mais il prétendait que de Funès avait fait couper plusieurs de ses scènes. Lefebvre avait un caractère curieux, avec une tendance à réclamer un peu continuellement. Louis de Funès s'en est inquiété à plusieurs reprises auprès de moi, me confiant :

« Il est fou. Je n'ai jamais demandé une chose pareille. Je ne l'ai pas empêché de tourner. »

De Funès était un homme très sincère et droit. Jean Lefebvre, lui, avait un côté chicaneur. Il n'avait, semble-t-il, pas digéré l'ascension de De Funès. En 1964, au moment du tournage du premier épisode, Lefebvre était sans doute peut-être même un peu plus connu que lui. Entre les deux films, la situation avait considérablement évolué.

Voici la véritable histoire de l'absence de Lefebvre. Elle m'a été rapportée par le producteur :

« Ce n'est pas à cause de Louis de Funès, m'a-t-il expliqué. C'est moi qui ai pris cette décision. Jean Lefebvre a fait arrêter le tournage sous prétexte qu'il était malade. Et nous l'avons surpris en train de jouer au casino en pleine nuit. »

À partir de là, il a tout perdu. Il n'a d'ailleurs pas fait tous les épisodes.

Le Gendarme à New York
Réalisateur : Jean Girault.
Scénario et dialogues : Richard Balducci et Jacques Vilfrid.
Sortie nationale : 29 octobre 1965.
Avec Louis de Funès (le maréchal des logis-chef Ludovic Cruchot), Michel Galabru (l'adjudant Jérôme Gerber),

Christian Marin (Merlot), Geneviève Grad (Nicole Cruchot), Alan Scott (Frank Davis)...

Résumé. – La brigade de Saint-Tropez représente la France au congrès international de la gendarmerie. Alors que Cruchot part pour New York, Nicole embarque clandestinement sur le *France*.

Commentaire. – Avant son arrivée à New York, l'équipe du film a tourné plusieurs scènes sur le paquebot, durant la traversée de l'Atlantique.

« Nous avons attendu, mais Ionesco n'a jamais livré son texte »

Ionesco et *Mêlées et démêlées* (1966)

Si j'ai tout accepté au cinéma, mes choix ont été plus réfléchis en ce qui concerne le théâtre. Depuis ma démission de la Comédie-Française, Georges Vitaly avait donc fait de moi un véritable pensionnaire de son théâtre de La Bruyère. Il m'a confié que Ionesco lui avait promis une pièce inédite pour la rentrée de 1966. Je venais justement de lire ses *Mémoires* pendant les vacances. En tant qu'acteur, j'avais été vraiment intéressé par l'univers de ce génie de l'absurde.

Pendant plusieurs semaines, nous avons attendu, mais Ionesco n'a jamais livré son texte. Face à la situation, Georges Vitaly a pris la décision de jouer quelques saynètes de l'auteur en première partie de soirée, notamment le sketch de la recette de l'œuf dur et « La jeune fille à marier », sous le titre *Mêlées et démêlées*. Juste après, nous présentions au public *Eris*, de l'Américain Lee Falk, l'auteur de la célèbre bande dessinée *Mandrake*. Dans cette pièce courte, nous n'étions que trois en scène : Max Vialle, moi et un chien. Il s'agissait de l'histoire extraordinaire de deux types glauques qui se rencontrent sur un pont en plein New York, remarquablement représenté.

Si nous n'avons jamais vu le texte promis par Ionesco, celui-ci est venu en personne pour la générale, mais complètement saoul. La seule chose que j'ai reçue de lui fut un clin d'œil appuyé quand je suis sorti de ma loge. Faut-il pour autant avoir du regret ? Peut-être, mais nous ne saurons jamais si son texte aurait été bon. Il pouvait être capable du meilleur comme du pire. Il a refusé de rester pour *Eris*.

Mêlées et démêlées
Auteur : Eugène Ionesco.
Metteur en scène : Georges Vitaly.
Création le 30 novembre 1966 au théâtre de La Bruyère.
Avec Marcel Barcet, Nicole Guéden, Michel Galabru, Jean-Marie Serreau, Claude Génia, Max Vialle...
Commentaire. – *Mêlées et démêlées* est un ensemble de sketchs écrits par Ionesco, avec « Le Salon de l'automobile », « Pour préparer un œuf dur », « La jeune fille à marier », « Le Futur » ou encore « Chocs ».

Eris
Auteur : Lee Falk.
Metteur en scène : Georges Vitaly.
Création : 30 novembre 1966 au théâtre de La Bruyère.
Avec Michel Galabru et Max Vialle.

« Il n'y a pas de recette pour le succès. Il est tout aussi bien inexpliqué qu'inexplicable »

La Sentinelle endormie (1966)

Le cinéma a souvent quelque chose de frustrant. Avec lui, nous entrons dans le domaine de l'incertain. Pourquoi *Le Gendarme de Saint-Tropez*, ou plus récemment *Bienvenue chez les Ch'tis*, ont-ils triomphé ? Qui pouvait l'imaginer ? Il n'y a pas de recette pour le succès. Il est tout aussi bien inexpliqué qu'inexplicable. Sortis trois mois plus tôt, les mêmes films auraient pu ne rien rapporter du tout, à cause de mille et un facteurs sur lesquels nous n'avons aucune emprise, allant de l'actualité à la météo, en passant par les sensations et la conjoncture. En 1966, Jean Dréville m'avait confié un très joli rôle dans *La Sentinelle endormie*, un bon film avec Noël-Noël, sur un complot contre Napoléon. Hélas ! il n'a pas trouvé son public, sans que j'en comprenne jamais la raison.

Noël-Noël m'en a toujours voulu personnellement, car la vedette que j'étais à ses yeux depuis *Le Gendarme de*

Saint-Tropez se devait de faire recette. Preuve était donc faite que je n'en étais pas une ! J'ai eu envie de lui dire que son nom à lui non plus n'avait pas attiré le public. Le mystère de cet insuccès reste entier et même regrettable. Plusieurs fois dans ma carrière, j'ai eu cette sensation étrange d'une conjoncture imprévisible aux conséquences incontrôlables. *La Sentinelle endormie* aurait mérité un meilleur sort.

Au temps où j'étais un jeune comédien, nous nous réunissions chaque soir dans un bistrot parisien à la sortie des théâtres. Des copains venaient du Gymnase, d'autres d'Hébertot ou de la Madeleine après leurs spectacles… À chaque fois, nous nous posions la même question :

« Alors, ton public était comment ? »

Un mercredi, les groupes sont arrivés les uns après les autres comme d'habitude. Étrangement, tous les avis étaient les identiques :

« Minable.

— Et toi ?

— À chier !

— Aucun retour ! »

La soirée avançait et l'impression a été la même des quatre coins de Paris. Je n'ai pas connu deux nuits comme celle-là.

Autre exemple frappant, de l'époque de la Comédie-Française. Nous présentions *Le Dindon*. Ce spectacle fut un événement, parce qu'un vaudeville de Feydeau n'était pas admis aussi facilement que cela au Français. Dans la salle, les spectateurs hurlaient de rire au moindre coup de sonnette ! Un soir, nous avons joué la même pièce à Enghien, une ville située à 12 kilomètres de Paris. Les interprètes n'avaient pas changé : Fernand Ledoux, Robert Hirsch, Jacques Charron et moi. Nous n'avons pas eu un seul rire de la soirée, à telle enseigne que Fernand Ledoux s'est mis à débiter *Le Cid* ! Si la recette du succès existait, nous serions tous milliardaires.

Bienvenue chez les Ch'tis
Réalisateur : Dany Boon.
Scénario et dialogues : Dany Boon.
Sortie nationale : 27 février 2008.
Avec Dany Boon (Antoine Bailleul), Kad Merad (Philippe Abrams), Anne Marivin (Annabelle Deconninck), Zoé Félix (Julie Abrams), Line Renaud (la mère d'Antoine), Michel Galabru (le grand-oncle)…
Commentaire. – Michel Galabru apparaît dans une scène, avec une réplique culte : « C'est le Nord ! » face à Kad Merad. *Bienvenue chez les Ch'tis* a enregistré le record du box-office français, avec près de 20,4 millions d'entrées.

La Sentinelle endormie
Réalisateur : Jean Dréville.
Scénario et dialogues : Noël-Noël.
Sortie nationale : 21 janvier 1966.
Avec Noël-Noël (le docteur Mathieu), Pascale Audret (Mathilde), Francis Blanche (Constant), Michel Galabru (Florin), Raymond Souplex (Villeroy), Micheline Luccioni (Clémence)…

« Pardon monsieur, la maison de madame Nam ? »

Le facteur s'en va-t-en guerre et Charles Aznavour (1966)

Naturellement, après *Le Gendarme de Saint-Tropez*, j'ai obtenu plus d'engagements et mes prix ont augmenté. Si ce ne sont là que de petites satisfactions de courte durée, la production du *Facteur s'en va-t-en guerre* m'a offert un voyage mémorable jusqu'en Asie, pour une seule scène et un très bon cachet.

Ce tournage a commencé pour moi par huit jours à ne rien faire à Phnom Penh. Sur place, Charles Aznavour, qui était la grande vedette du film, m'a d'abord emmené chez le tailleur pour nous faire faire des costumes sur mesure. Nous logions dans un superbe hôtel. Et tous les soirs, nous allions en pousse-pousse au bordel avec tous les copains : « Direction chez madame Nam ! »

À chacune de nos visites, en ouvrant la porte de la maison, nous découvrions monsieur Nam, attablé pour son repas, entouré de filles qui jouaient au mah-jong. Des lits étaient disposés tout autour de la pièce, entourés de simples tulles pour s'isoler. Et chacun son tour… Aznavour ne restait jamais avec nous, préférant rejoindre plus discrètement une autre salle au rez-de-chaussée. Peut-être ne voulait-il pas que nous entendions ses soupirs…

Bien des années plus tard, alors que je marchais sur la Croisette, une auto s'est arrêtée à ma hauteur.

« Pardon monsieur, la maison de madame Nam ? »

J'ai immédiatement reconnu Aznavour, en compagnie de sa fille. Ces anecdotes appartiennent aux tournages d'une autre époque.

Après avoir passé du bon temps toute la semaine, j'ai vu arriver le moment de tourner ma scène. En fin d'après-midi, alors que tout le monde paraissait prêt, le chef opérateur scrutait encore le ciel avec un air de mécontentement :

« Non, je ne peux pas tourner. »

Embarrassée, la production l'a prévenu que je reprenais l'avion pour Paris le lendemain. Il fallait absolument que je tourne ma scène. Il n'a rien voulu entendre. Je suis donc resté une semaine supplémentaire ! Comme l'argent coule parfois à flots dans le cinéma… J'en ai profité pour visiter le temple d'Angkor et toutes les merveilles régionales.

Le facteur s'en va-t-en guerre
Réalisateur : Claude Bernard-Aubert.
Scénario et dialogues : Gaston-Jean Gauthier.
Sortie nationale : 10 août 1966.
Avec Charles Aznavour (Charles Thibon), Helmut Schneider (Maury), Daniel Ceccaldi (Cassagne), Doudou Babet (Clémentine), Pierre Mondy (Massenet), Michel Galabru (Claparède)...
Résumé. – 1954. Charles Thibon, un facteur parisien lassé par son quotidien, part pour l'Indochine en pleine guerre.

« J'ai reçu les excuses du colonel »

Le Mois le plus beau (1968)

Contrairement au *Facteur s'en va-t-en guerre*, certains films ont des budgets serrés. Les souvenirs que nous en gardons n'en sont pas forcément moins agréables, au contraire. De tous les tournages, celui du *Mois le plus beau* a été le plus fameux. Jamais nous n'avons autant ri. Il y avait notamment Georges Géret, Raoul Saint-Yves dit « le garçon de café », Magali Noël et Christian Marin. Nous faisions ce film gratuitement, en échange du logement et des défraiements.

Le soir venu, je prenais mon Ariane pour descendre en ville et acheter mon journal, parce que l'auberge où nous dormions était vraiment loin de tout. Pendant que je lisais tranquillement, à l'arrêt dans ma voiture, deux gendarmes se sont rapprochés avec un air méfiant :

« N'ayez pas peur, monsieur, commence l'un. Mon collègue va se mettre à côté de vous… »

Je voyais dans leur attitude qu'ils avaient plus peur que moi. Je m'interroge :

« Pourquoi m'arrêtez-vous ? Je lis mon journal… »

Sans plus d'information, j'ai été contraint d'aller jusqu'au poste de police. Sur place, on m'a assis dans une salle d'interrogatoire. Je me suis montré docile et les questions ont commencé. J'ai compris qu'ils avaient reçu des plaintes au sujet d'un voleur de voitures. Son portrait correspondait au mien ! C'est alors qu'un motard est entré brusquement. En me voyant, il s'est mis immédiatement au garde-à-vous et m'a lancé :

« Mon adjudant-chef ! »

Les deux autres gendarmes qui n'avaient pas inventé le bouton à cinq trous se sont tournés vers moi, complètement déboussolés :

« Dans quelle brigade êtes-vous ?

— Saint-Tropez ! »

Le motard n'en pouvait plus. Le lendemain, j'ai reçu les excuses du colonel.

À l'auberge, Georges Géret et « le garçon de café » ne faisaient que des farces à longueur de journée, dans le genre plaisanteries de bidasses. Leur grand jeu consistait à se jeter des seaux d'eau à la figure. Ils m'ont chopé une fois et j'étais bien décidé à me venger aussitôt. Mais je devais traverser la chambre où dormait une grand-mère pour les prendre à revers. Sans hésiter, j'ai enjambé la vieille dame sur sa couche avec mon seau d'eau dans les mains. Je vois encore son regard ébahi alors que je passais juste au-dessus d'elle !

Dans un autre genre, Géret couchait avec une hippie qu'il avait amenée sur le tournage. Elle lui avait filé des morpions et, dans un geste de générosité, il est venu se rouler dans mon lit… J'étais très embêté parce que ma femme avait prévu de nous rejoindre dans les jours qui suivaient. Pour me débarrasser de ces bestioles, j'ai acheté toutes les poudres disponibles en pharmacie. Rien ne marchait. Comment donc lui expliquer la présence des morpions ? Les copains et moi avons donc désigné un coupable. Ce serait la faute de Traonouez, le costumier du film ! Ma femme nous a crus, à tel point que chaque fois que je changeais de pantalon, elle allait le prévenir :

« Et surtout, ébouillantez bien les costumes de mon mari ! »

Quelques jours après le début du tournage, Magali Noël a fait son arrivée à l'auberge, accompagnée par sa fille et sa mère. Devant le chahut général, elle a donné très clairement ses instructions :

« Je ne veux pas passer des nuits comme ça ! Ce n'est pas possible. J'ai ma petite fille qui doit dormir ! »

Ce qui a eu pour effet de décupler le bordel ambiant. Et au bout de seulement deux ou trois nuits, Géret a oublié sa hippie pour Magali…

Quant à Christian Marin, il nous a rejoints encore un peu plus tard, lui aussi avec sa femme. Ils avaient mis leurs beaux habits tandis que nous les attendions cachés dans les buissons avec des seaux d'eau… Au dîner, nous lui avons servi une omelette. Elle était pleine de fils. Il riait jaune. Bienvenue à l'auberge !

Le Mois le plus beau

Réalisateur : Guy Blanc.

Scénario et dialogues : Guy Blanc et François Boyer.

Sortie nationale : 26 juin 1968.

Avec Georges Géret (Cyprien Boromes), Magali Noël (Claudia), Michel Galabru (le maire Besson), Muriel Baptiste (Rosine), Christian Marin (le sergent)...

Résumé. – Mai 1940. La vie des habitants de Saint-Bonnet, à l'heure où la guerre se rapproche et les réfugiés affluent.

« Louis de Funès devenait de plus en plus malheureux, attendant une occasion qui ne se présenterait jamais »

Du *Gendarme se marie* (1968) au *Gendarme et les gendarmettes* (1982)

À la suite des premiers succès des *Gendarme*, ma femme a décidé de négocier elle-même mon cachet auprès de la production pour *Le gendarme se marie*. Nous n'étions pas très riches et elle voulait essayer d'augmenter mes défraiements. Je crois qu'elle avait pris exemple sur madame de Funès, qui gérait d'une main de fer la carrière de son mari. Elles s'entendaient toutes les deux très bien, tout comme de Funès et moi, du reste. Il y aura toujours quelques langues de vipère pour lui reprocher tel ou tel trait de son caractère, mais de Funès a toujours été très moral. Il en était même parfois naïf : son épouse et lui me faisaient penser à un couple de province qui vient de toucher le jackpot à la loterie et débarque à la capitale. Combien de fois leur avons-nous conseillé de préférer un pourcentage sur les recettes plutôt qu'un très bon cachet… À l'inverse d'un auteur ou d'un producteur, nous, les acteurs, ne touchons pratiquement rien sur les rediffusions.

Durant les événements de Mai 1968, nous étions tous de retour sur la côte d'Azur pour la production du *Gendarme se marie*, le troisième film de la série. Les discussions ont été longues pour savoir si le tournage devait être ou non interrompu. D'un côté, les machinos étaient pressés par leurs syndicats, et de l'autre, les acteurs voulaient continuer. Héroïquement, quelques-uns se sont sacrifiés, mais la majorité d'entre nous ne l'a pas fait, parce que nous avions tout simplement besoin d'argent. Les convictions ont été mises à mal par la force des choses. En fait, personne ne pouvait franchement cesser de travailler. Chacun avait déjà loué et payé un appartement ou une maison à proximité, certains étaient même venus avec femme et enfants. La réalité l'a emporté sur les opinions.

Après les hippies du *Gendarme en balade*, les scénaristes et les producteurs nous ont ensuite mis face aux extraterrestres. Ils ne savaient plus quoi inventer ! Malheureusement, *Le Gendarme et les extraterrestres* a été endeuillé par la mort de plusieurs personnes sur le tournage d'une cascade. Ce drame a été terrible pour toute l'équipe. La scène consistait à faire un virage devant un supermarché, à bord d'une de ces grandes voitures américaines. Personne n'a vraiment su ce qui s'était passé, mais la cascadeuse a enfoncé la porte du magasin, tuant sur le coup deux clients et se blessant elle-même. Est-ce la faute du débrayage automatique ? A-t-elle été surprise ? Quoi qu'il en soit, parmi les victimes se trouvait quelqu'un qui venait de signer un viager. Une enquête a naturellement été diligentée autour de cet héritage. Ce drame a fait que, dans le village où nous tournions, nous étions très mal vus.

À l'exception de ce *Gendarme et les extraterrestres*, Claude Gensac a toujours interprété la femme de Cruchot, *alias* Louis de Funès. Madame de Funès l'avait désignée à la fin des années 1960 en comptant sur son honnêteté envers son mari. Claude n'était pas une idiote et savait que si elle s'attaquait à de Funès, elle ne tournerait jamais plus avec lui.

Mais de Funès a succombé ailleurs… Il est tombé amoureux de Macha Béranger. Au début des années 1980, la production des *Gendarme* leur avait même loué un studio pour qu'ils puissent « travailler », selon la version officielle qui nous avait été livrée. De toute façon, face à de Funès, les financiers acceptaient tout, trop heureux de sentir le pognon affluer. Ils écrivaient donc à quatre mains le prochain épisode… Plaisanterie ! Tout le monde a très vite compris la situation, sauf madame de Funès, qui était restée au Cellier dans le château familial.

Au début du tournage du *Gendarme et les gendarmettes*, Louis de Funès nous a présenté Macha Béranger sur le plateau. Il avait exigé que sa loge soit installée au rez-de-chaussée, de manière que, lorsque sa femme arriverait, sa maîtresse puisse sortir par la fenêtre. On ne saute pas du premier étage ! Des gardes du corps avaient également été engagés pour le prévenir lorsque madame approcherait du studio. Sauf que ces types n'étaient pas discrets pour un sou : dès qu'elle poussait la grille, c'était la panique. Nous les voyions courir dans tous les sens complètement affolés. Madame de Funès a vite remarqué l'agitation incongrue qui la précédait à chacune de ses entrées. Elle a tout compris.

Dès lors, elle a attendu son mari au studio du matin jusqu'au soir. Louis de Funès devenait de plus en plus malheureux, attendant une occasion qui ne se présenterait jamais. Il faut avoir été amoureux une fois dans sa vie pour comprendre la détresse dans laquelle il était alors plongé. Personne ne peut rien contre le sentiment. Cet homme souffrait d'être séparé de Macha Béranger. Et le tournage du film s'est terminé. Louis de Funès est reparti dans son château avec son jardin pour réconfort, sécateur à la main et chapeau de paille sur la tête, quasiment retiré du monde. Quelques mois plus tard seulement, un nouvel infarctus lui a été fatal.

Au cours de la production du *Gendarme et les gendarmettes*, nous nous attendions déjà tous à sa mort. Une ambulance stationnait continuellement à proximité du studio, au cas où. Il a eu beaucoup de courage, car la menace de l'infarctus était toujours présente. Dès qu'il faisait un geste un peu trop brusque, un médecin lui demandait d'arrêter. À son sujet, Jean Girault m'avait prévenu dès le début du tournage :

« Tu sais, on peut nous annoncer demain que Fufu est mort, à n'importe quel moment. »

Et puis Jean Girault est décédé avant lui. Il avait une tuberculose à un stade avancé, dont je n'étais pas au courant de la gravité. Je me souviens que nous avons discuté tous les deux de football à l'hôpital. Quelques jours plus tard, il était mort. Alors que le film n'aurait pas pu être terminé sans de Funès, il l'a été sans son réalisateur. Voilà la cruauté de ce métier.

Si de Funès n'était pas mort, nul doute que nous aurions continué la série des *Gendarme*. On ne tue pas la poule aux œufs d'or, et les producteurs auraient bien trouvé une autre connerie à tourner ! Personnellement, j'ai toujours pensé à une suite. Le film débuterait par un vrombissement d'avion très lointain. Grâce aux techniques modernes, nous reproduirions le visage de De Funès et tous les autres, réunis en escadrille dans les airs, comme des anges planant dans le ciel. Ces avions arriveraient au-dessus de Saint-Tropez dans un bruit sourd avant de faire un virage énorme, et puis plus rien. À partir de cet instant, la ville tout entière serait traumatisée par des bizarreries surnaturelles... Serait-elle hantée par des fantômes ? La nouvelle brigade de gendarmes serait complètement troublée par la situation. Les nudistes envahiraient les rues comme une épidémie... Le chant des gendarmes résonnerait à l'église... Les habitants iraient prier sous la statue de Cruchot, édifiée dans une grotte comme à Lourdes ! Cette idée n'est pas plus idiote que certains des scénarios que nous avons tournés !

Le gendarme se marie
Réalisateur : Jean Girault.
Scénario et dialogues : Jacques Vilfrid.
Sortie nationale : 30 octobre 1968.
Avec Louis de Funès (le maréchal des logis-chef Ludovic Cruchot), Claude Gensac (Josepha), Michel Galabru (l'adjudant Jérôme Gerber), Geneviève Grad (Nicole Cruchot), Jean Lefebvre (Fougasse)…
Résumé. – Cruchot tombe amoureux de Josepha, une automobiliste arrêtée pour excès de vitesse.

Le Gendarme en balade
Réalisateur : Jean Girault.
Scénario et dialogues : Jacques Vilfrid.
Sortie nationale : 28 octobre 1970.
Avec Louis de Funès (le maréchal des logis-chef Ludovic Cruchot), Michel Galabru (l'adjudant Jérôme Gerber), Claude Gensac (Josepha Cruchot), Jean Lefebvre (Fougasse), France Rumilly (sœur Clotilde)…
Résumé. – L'heure de la retraite a sonné pour Cruchot et la brigade, remplacés à Saint-Tropez.

Le Gendarme et les extraterrestres
Réalisateur : Jean Girault.
Scénario et dialogues : Jacques Vilfrid.
Sortie nationale : 31 janvier 1979.
Avec Louis de Funès (le maréchal des logis-chef Ludovic Cruchot), Michel Galabru (l'adjudant Jérôme Gerber), Maurice Risch (Beaupied), Jean-Pierre Rambal (Taupin)…

Résumé. – Les extraterrestres ont atterri à Saint-Tropez pour étudier les Terriens. Ils ont pris une apparence humaine, ainsi personne ne peut les reconnaître. Sauf à deux indices : ils sonnent creux et boivent de l'huile.

Le Gendarme et les gendarmettes
Réalisateur : Jean Girault et Tony Aboyantz.
Scénario et dialogues : Jacques Vilfrid.
Sortie nationale : 6 octobre 1982.
Avec Louis de Funès (le maréchal des logis-chef Ludovic Cruchot), Michel Galabru (l'adjudant Jérôme Gerber), Maurice Risch (Beaupied), Patrick Préjean (Perlin)…
Résumé. – À Saint-Tropez, la gendarmerie est flambant neuve. En plus d'un ordinateur surpuissant, Cruchot et Gerber accueillent quatre jeunes et jolies stagiaires.
Commentaire. – Les « gendarmettes » sont interprétées par Babeth Étienne, Nicaise Jean-Louis, Catherine Serre et Sophie Michaud.

« Avec une idée simple, cet homme a fait un film qui a amusé toute la France »

Jean Girault, des *Gendarme* au *Mille-pattes fait des claquettes* (1964-1982)

Pendant vingt ans, nous avons tourné six *Gendarme* avec Jean Girault qui ont tous connu un vrai triomphe. En 1964, il a été calomnié par tous ceux qui imaginaient que ce serait une énième comédie épouvantable. Avec une idée simple, cet homme a pourtant réussi à faire un film qui a amusé toute la France, et dont le succès ne se dément pas au fil des générations. Les *Gendarme* ont l'air anodin, bébête et parfois même ridicule, mais il peut y avoir des dimensions plus subtiles au phénomène de l'« amusement » : les *Gendarme* avaient la poésie du naïf et l'efficacité du comique, et surtout leur personnage central était d'une très grande valeur.

Sur les tournages, nous nous disions tous, et de Funès le premier, que le scénario était parfois mal écrit. Louis de Funès rêvait de tourner avec les grands metteurs en scène intellectuels et d'interpréter des personnages à l'opposé de Cruchot. Sur le plateau, il n'hésitait pas à intervenir auprès de Jean Girault, à lui donner son point de vue et à proposer des ajustements. Dans une scène du *Gendarme se marie*, il devait par exemple baiser la main de Claude Gensac. Après une prise, il s'est tourné vers Girault et lui a dit :

« Je voudrais ajouter une réplique : "J'ai envie de faire pipi."

— Tu ne peux pas dire ça, voyons », lui a d'abord répondu Girault.

Pourtant, de Funès y tenait absolument. Girault l'a laissé essayer et cette réplique a été conservée au montage. Il a eu complètement raison, car ces mots traduisent une sensation de trac qui apporte un peu plus encore d'innocence à Cruchot. De façon générale, Jean Girault a toujours été très humble face à son travail. Il réalisait ses films sans prétention, avec talent et justesse, et ne se mettait jamais en colère. Professionnellement, j'ai vu quelqu'un heureux de faire son métier. N'en déplaise aux médisants, il avait le sens du rythme et du mouvement. Il savait fabriquer des bons films à succès, comme un mécanicien qui assemble un moteur.

À chaque fois qu'il le pouvait, il m'engageait sur ses autres films, souvent écrits avec son complice Jacques Vilfrid. Ce n'était jamais beaucoup plus que deux ou trois jours, et peut-être même uniquement pour me faire plaisir, mais je lui dois beaucoup, à lui aussi. Je n'ai pas connu l'homme intimement, mais nous avons été de bons copains. Nos épouses respectives se fréquentaient et s'appréciaient, même lorsqu'il en changeait ! Ma femme et moi suivions le mouvement...

Je peux citer quelques-uns des titres de ses comédies où j'apparais fugacement, mais les souvenirs s'estompent. La plupart du temps, je suis sur l'affiche, mais je n'ai pas grand-chose à défendre. *Les Gorilles*, *Monsieur le Président-directeur général*, *Le Concierge*, *Deux Grandes Filles dans un pyjama*, *L'Intrépide*, *Un drôle de colonel*, *L'Horoscope*, et – le meilleur titre pour la fin – *Le mille-pattes fait des claquettes*...

Les Gorilles
Réalisateur : Jean Girault.
Scénario et dialogues : Jacques Vilfrid.
Sortie nationale : 23 décembre 1964.
Avec Francis Blanche (Félix), Darry Cowl (Édouard), Jean Lefebvre (l'électro), Bernard Dhéran (Hubert Loisif), Michel Galabru (le contractuel)...
Commentaire. – *Les Gorilles* sont sortis sur les écrans seulement trois mois après *Le Gendarme de Saint-Tropez*.

Monsieur le Président-directeur général
Réalisateur : Jean Girault.
Scénario et dialogues : Jacques Vilfrid et Jean Girault.
Sortie nationale : 16 décembre 1966.
Avec Pierre Mondy (Denis Bonneval), Jacqueline Maillan (Thérèse Bonneval), Claude Rich (Stéphane Bévin), Michel Galabru (Abel T. Léonard), Christian Marin (William), France Rumilly (Juliette)...

Un drôle de colonel
Réalisateur : Jean Girault.
Scénario et dialogues : Jacques Vilfrid.
Sortie nationale : 24 avril 1968.
Avec Jean Lefebvre (Cutterfeet), Jean Yanne (Snake Barton), Maria Pacôme (Aurélia), Michel Galabru (le colonel), Pascale Roberts (Marina), Jean Le Poulain (le pasteur), Florence Blot (Hortense Tito)…

Le Concierge
Réalisateur : Jean Girault.
Scénario et dialogues : Jean Girault, Jacques Vilfrid et Darry Cowl.
Sortie nationale : 23 juillet 1973.
Avec Bernard Le Coq, Maureen Kerwin (Fabienne), Maria Mauban (Élisabeth Raymond), Michel Galabru (Robert Foraz), Alice Sapritch (la comtesse de Beauchamp-Laville)…

Deux Grandes Filles dans un pyjama
Réalisateur : Jean Girault
Scénario et dialogues : Jacques Vilfrid.
Sortie nationale : 26 avril 1974.
Avec Jacques Jouanneau (Lionel), Philippe Nicaud (Jérôme), Michel Galabru (Canavese), Marcha Grant (Stéphanie), Micheline Presle (Laurence)…

L'Intrépide
Réalisateur : Jean Girault.
Scénario et dialogues : Jean Girault, d'après l'histoire d'André Versini.

Sortie nationale : 13 juin 1976.

Avec Claudine Auger (Sophie), Louis Velle (Didier Dancourt), Michel Galabru (Leonardos), Juliette Mills (Lydia), Roger Hanin (Canello), Jacques Balutin (le contrôleur)...

Le mille-pattes fait des claquettes

Réalisateur : Jean Girault.

Scénario et dialogues : Jacques Vilfrid.

Sortie nationale : 26 octobre 1977.

Avec Francis Perrin (Jacques), Jean-Jacques Moreau (Henri), Roger Mirmont (Francis), Claude Piéplu (le capitaine Leipzig), Michel Galabru (monsieur de Beaugenay), Katia Tchenko (Trudy)...

L'Horoscope

Réalisateur : Jean Girault.

Scénario et dialogues : Jacques Vilfrid, d'après une idée de Robert Berri.

Sortie nationale : 21 juin 1978.

Avec Évelyne Buyle (Josy), Henri Courseaux (Antoine Fromont), France Dougnac (Fabienne Rousseau), Claude Rollet (Vincent Vallier), Michel Galabru (Blancheteau), Georges Descrières (maître Quentin-Moraud), Alice Saptritch (la voyante)...

« *L'Avare* reste un bon film, mais il y a des moments perdus »

Le Petit Baigneur, *Jo*, *L'Avare* : d'autres aventures avec de Funès (1967-1980)

J'ai toujours gardé une grande admiration pour de Funès, aussi bien humainement que professionnellement. À la sortie du *Gendarme et les gendarmettes*, il a demandé que mon nom soit au-dessus du titre à côté du sien. Je lui en suis éternellement reconnaissant. Peu de gens auraient fait ce geste d'amitié. Outre les *Gendarme*, nos chemins se sont croisés plusieurs fois. Après *Nous irons à Deauville* en 1962, j'ai été très gâté avec *Le Petit Baigneur*. Robert Dhéry nous mettait à l'aise et se montrait très compréhensif avec l'équipe. Il partageait la vedette avec De Funès, et la situation avait même fait naître une petite rivalité entre eux, pourtant deux vieux compagnons de route. Personnellement, j'avais une doublure qui gueulait dès que je venais sur le plateau parce que je l'empêchais de gagner sa vie ! Je lui répondais :

« Tu veux jouer ? Alors, joue ! »

Et moi, pendant ce temps, je me baladais…

En 1971, il y a eu aussi *Jo*, avec Jean Girault derrière la caméra. De toute façon, à chaque fois que de Funès me tolérait à ses côtés, c'était une aubaine, parce que je n'étais jamais sûr de croûter !

Au gré de nos discussions hors caméra, il me parlait souvent de son envie de monter *L'Avare* au cinéma. Jouer ce rôle d'Harpagon lui tenait vraiment à cœur. Il m'expliquait que sa mère l'avait toujours fait beaucoup rire et qu'elle était sa principale source d'inspiration pour ses personnages. Il m'avait raconté cette anecdote :

« Elle avait un défaut, me confiait-il, l'avarice. Un jour, ma mère avait perdu son argent. On le lui avait volé. Elle sautait tellement haut dans son énervement que je voyais ses jarretelles ! »

Moi-même, j'ai été le témoin d'une scène du même type avec ma première femme. Alors que je revenais du cinéma avec mon fils aîné, j'ai entendu des cris en remontant à l'appartement par l'ascenseur. Elle hurlait :

« Michel ! On nous a cambriolés !

— Qu'est-ce qu'on nous a pris ? lui ai-je demandé.

— Tout ! Tout ! Tout ! »

Et je voyais moi aussi ses jarretelles. Dans ma tête, à cet instant précis, je ne pensais pas au fric volé. Je voyais de Funès. Il avait raison !

Entre son envie et la production de *L'Avare*, l'eau a coulé sous les ponts. Les producteurs hésitaient. De Funès faisait moins d'argent. À un financier, j'avais eu l'occasion de demander combien de ratés au box-office il pouvait tolérer avant de ne plus signer un chèque pour de Funès, Belmondo ou Delon. Il m'avait répondu : « Deux. »

De Funès n'a jamais abandonné, parce que cette pièce de Molière le fascinait véritablement. Malgré sa passion pour le sujet, je crois qu'il a commis plusieurs fautes très lourdes avec son *Avare*. Je n'ai rien dit à l'époque, mais il ne fallait pas qu'Uderzo dessine le cheval dans la scène de maître Jacques. Avec cette toile de fond, le monologue ne voulait plus rien dire et allait à l'encontre de l'évocation voulue par Molière. Le classique ne s'accommode pas de trop de plaisanteries et de pastiches. *L'Avare* reste un bon film, mais il y a des moments perdus.

Le Petit Baigneur
Réalisateur : Robert Dhéry.
Scénario et dialogues : Robert Dhéry, Colette Brosset, Michel Modo, Pierre Tchernia et Jean Carmet.
Sortie nationale : 22 mars 1968.
Avec Louis de Funès (Fourchaume), Robert Dhéry (André Castagnier), Andréa Parisy (madame Fourchaume), Colette Brosset (Charlotte Castagnier), Jacques Legras (l'abbé), Michel Galabru (Scipion)…

Jo
Réalisateur : Jean Girault
Scénario et dialogues : Claude Magnier, d'après l'œuvre d'Alec Coppel.
Sortie nationale : 1er septembre 1971.

Avec Louis de Funès (Antoine Brisebard), Claude Gensac (Sylvie Brisebard), Bernard Blier (l'inspecteur Ducros), Michel Galabru (Tonelotti), Paul Préboist (le gendarme), Guy Tréjean (Adrien Colas)…

L'Avare

Réalisateurs : Jean Girault et Louis de Funès.

Scénario et dialogues : Jean Girault, d'après l'œuvre de Molière.

Sortie nationale : 5 mars 1980.

Avec Louis de Funès (Harpagon), Claire Dupray (Élise), Frank David (Cléante), Michel Galabru (maître Jacques), Bernard Menez (La Flèche)…

Résumé. – Harpagon est obsédé par l'argent et sa cassette cachée dans son jardin. Il se méfie de tout le monde, même de Cléante et d'Élise, aux projets de mariage contrariés.

« Il aura des droits d'odeur ! »

Il était une fois Raoul André : *Ces Messieurs de la famille* (1969), *La Dernière Bourrée à Paris* (1973)

Inutile de s'en cacher, j'ai tourné dans de nombreux mauvais films. J'en ai toujours été conscient. Comme je l'ai déjà écrit, je faisais mon métier comme tout le monde, pour gagner ma vie. Je n'ai jamais menti à ce sujet, pas même sur la scène des Molière, à la remise de mon prix en 2008 pour *Les Chaussettes opus 124*, lorsque j'ai prononcé mon discours et dit ces mots : « Quand le fisc frappe à la porte... Ah ! quel bonheur de faire un bon navet ! » Il existe une règle intangible au cinéma, en tout cas dans *mon* cinéma : pour avoir un bon film, il faut en faire dix mauvais ! S'il n'y avait que des films réussis, quel serait le mérite ? Sans les mauvais, comment juger les bons ? Les navets ont bien des utilités.

De tous les réalisateurs avec lesquels j'ai travaillé, Raoul André a certainement été celui qui savait autant que moi la valeur de ce qu'il tournait, contrairement à beaucoup d'autres dont il vaut mieux taire les noms. Nous nous retrouvions souvent à la brasserie La Lorraine, située près de la salle Pleyel à Paris. Un jour, je lui avais demandé :

« Ta femme ne t'en veut pas de tourner ces films ?

— Si, m'avait-il dit, elle en souffre beaucoup. »

Sa femme, Louise Carletti, avait été une grande vedette d'avant-guerre. Depuis le gros succès de *Ces Messieurs de la famille* en 1968, avec Blanche, Serrault, Poiret, Jean Yanne et Darry Cowl, les financiers n'attendaient pas autre chose de lui. Raoul André n'avait plus de budget que pour réaliser ce genre de comédies.

Au cours d'un autre de nos repas, il m'a dévoilé le titre de son prochain film, à la fois horrible et irrésistible : *La Dernière Bourrée à Paris*. Il s'agissait d'une parodie du *Dernier Tango à Paris*, comme le nom le suggérait. Nous avons tourné ce navet dans un véritable hôpital situé au Jardin des Plantes, dans un étage complètement déserté. En me penchant par la fenêtre, j'ai aperçu un type qui me faisait de drôles de signes. Ce devait être un patient de l'asile du dessous, comme nous l'avait signalé la production. Quoi qu'il en soit, nous enchaînions les bourrées et ça tapait fort. Nul doute que nous les incommodions. Ce fou me prenait donc pour… un fou ! J'ai immédiatement prévenu Raoul André en lui proposant que nous retirions nos chaussures, au moins le temps des répétitions. Et alors là, une odeur de pieds effrayante est soudain venue à nos narines, comme jamais je n'en ai senti. Elle provenait d'un figurant. J'ai fait la remarque à Francis Blanche qui m'a répondu, avec son humour extraordinaire :

« Il aura des droits d'odeur ! »

Raoul André m'a engagé une dernière fois pour *Y a un os dans la moulinette*. Je ne me rappelle plus que le titre. Je crois d'ailleurs ne jamais avoir vraiment su quel était mon rôle... Darry Cowl, Henri Guybet, Paul Préboist, Daniel Prévost et moi ne tournions que des merdes – appelons un chat un chat –, parce qu'on ne nous proposait que ça ! Si nous n'avions pas été au générique de ces comédies, nous aurions sans doute tous disparu, et peut-être même n'aurions-nous jamais pu faire de meilleurs films plus tard.

Ces Messieurs de la famille
Réalisateur : Raoul André.
Scénario et dialogues : Jacques Dreux.
Sortie nationale : 8 mai 1968.
Avec Jean Poiret (Bernard Le Gall), Francis Blanche (Strumberger), Michel Serrault (Gabriel Pelletier), Jean Yanne (Marco Broca), Michel Galabru (le brigadier), Darry Cowl (Albert Pelletier)...
Résumé. – Gabriel Pelletier a reçu l'ordre de son P.-D.G. d'accueillir chez lui un important industriel, réputé puritain, en vue d'un gros marché.

La Dernière Bourrée à Paris
Réalisateur : Raoul André.
Scénario et dialogues : Michel Lebrun et Raoul André.
Sortie nationale : 31 octobre 1973.
Avec Patricia Lesieur (Berthe Peyrac), Francis Blanche (Gaston Peyrac), Michel Galabru (Jules Peyrac), Tony Kendall (Victor), Marion Game (Lucie), Daniel Prévost (Philippe), Annie Cordy (la psy)...

Y a un os dans la moulinette
Réalisateur : Raoul André.
Scénario et dialogues : Laurence Nelson.
Sortie nationale : 21 juin 1974.
Avec Darry Cowl (Gaston), Michel Galabru (Émile), Marion Game (Flora), Henri Guybet (Roskoff), Paul Préboist (Montescourt), Daniel Prévost (Bob)...

Les Chaussettes opus 124
Auteur : Daniel Colas.
Metteur en scène : Daniel Colas.
Création : 18 septembre 2007 au théâtre des Mathurins.
Avec Michel Galabru (Brémont) et Gérard Desarthe (Verdier).

« J'avais déjà une famille et je suis tombé amoureux »

La Honte de la famille (1969)

L'idée originale du titre du *Gendarme de Saint-Tropez* revient à Richard Balducci, qui fut attaché de presse avant de devenir réalisateur. À la fin des années 1960, il m'a appelé pour *La Honte de la famille*, son premier long-métrage derrière la caméra. Si le film est mauvais, il m'a permis de connaître ma seconde femme, Claude. Dans les faits, Micheline Dax avait amené avec elle sa nièce sur le tournage. Rosy Varte, qui faisait aussi partie de cette aventure, m'avait prévenu en douce que je pouvais foncer. J'y suis allé et c'était elle. J'avais déjà une famille, mais je suis tombé amoureux…

Rellys avait un petit rôle dans *La Honte de la famille*. Ce très grand acteur est lui aussi passé à travers les mailles et le public l'a oublié à son tour, comme tous les autres dont j'ai déjà parlé. Le talent de cet acteur avait éclaté juste avant la guerre. Nous nous étions connus sur *Les Lettres de mon moulin* de Pagnol, dans les années 1950. Devant moi, il avait avoué à Pagnol :

« Marcel, je ne suis pas digne de porter la robe blanche.

— C'est fictif… Tu joues dans un film. On ne te demande pas d'être un saint ! »

Son intelligence n'était pas à la mesure de son talent. Les gens se jouaient de lui, et le payaient peu. J'ai eu la chance de tourner plusieurs fois avec lui, et j'ai connu un homme à la fois très naïf, mais surtout sentimental. Il ne comprenait pas pourquoi il n'avait pas plus de succès avec ces jeunes filles qui lui demandaient parfois des autographes. Sur la Canebière, à la sortie des studios, il chantonnait ses anciens titres d'opérettes marseillaises pour voir si les passants le reconnaissaient. En général, ses chansons ne disaient plus rien à personne… Et nous continuions notre chemin.

Andrex (autre second rôle de *La Honte de la famille*) et lui n'étaient pas descendus dans le même hôtel que Micheline Dax, Rosy Varte et moi. Un soir, alors que je me couchais, le téléphone a sonné. Rellys était au bout du fil. Il me parlait comme un enfant à son père, en pleurs :

« Galabru, nous sommes seuls dans un hôtel…

— Passez-moi Andrex ! »

Et Andrex pleurait aussi ! J'ai continué :

« Avez-vous de l'eau chaude ? Le lit est-il convenable ? Oui ? Alors, je ne peux rien faire de plus à cette heure tardive. Attendez demain matin et je viendrai vous chercher. »

Le lendemain, Andrex et Rellys avaient préparé leurs valises et m'attendaient. Je suis venu avec un taxi. J'étais à peine arrivé qu'ils sont montés dans l'auto et ils m'ont laissé comme un con sur le trottoir.

La Honte de la famille
Réalisateur : Richard Balducci.
Scénario et dialogues : Richard Balducci et Charles Exbrayat.
Sortie nationale : 7 novembre 1969.
Avec Micheline Dax (Célestine Maspie), Michel Galabru (le grand Maspie), Rosy Varte (Perrine Hadol), Claude Rollet (Bruno Maspie), Noël Roquevert (le commissaire Murato), Andrex (Étouvant), Rellys (Pépé)...
Résumé. – Le jour de ses fiançailles avec Martine, Bruno, le fils du caïd Maspie, annonce qu'il s'engage dans la police.

« Si tous les agents du monde étaient comme vous, on ferait la queue aux portes des prisons »

L'Auvergnat et l'Autobus (1969)

Toujours en 1969, *L'Auvergnat et l'Autobus* a été le dernier film de Fernand Raynaud au cinéma, et le premier pour moi en sa compagnie. Je devais lui donner la réplique au cours d'une scène au bord d'un canal à Strasbourg. Il faisait très froid et la nuit était tombée. Nous attendions dans un café que l'équipe soit prête, alors que nous nous connaissions à peine. Il avait l'air d'avoir un peu bu. Vers minuit, nous avons enfin été appelés pour tourner. Il avait une phrase à me dire. Je m'en rappellerai toujours tellement j'ai ri : « Si tous les agents du monde étaient comme vous, on ferait la queue aux portes des prisons. » Il n'a pas pu la prononcer correctement une seule fois.

« Si tous les agents du monde, on ferait la queue… Si tous les agents étaient comme vous… On recommence ! Si tous les agents du monde… Merde ! Galabru, on peut se la refaire ? »

Il se la répétait à voix haute jusqu'à demander le clap. Après plusieurs essais infructueux, deux vieilles dames sont arrivées pour lui demander un autographe. Il les a insultées en provoquant un gros fou rire des techniciens. Les pauvres femmes sont reparties dans la nuit. Après ça, le réalisateur, Guy Lefranc, lui a proposé d'aller se coucher. Il était bel et bien complètement rond.

Guy Lefranc m'a repris la même année pour un rôle très mineur dans *Et qu'ça saute !*, une comédie taillée pour Henri Salvador. Or le patron sur le plateau n'était ni Lefranc ni Salvador, mais sa femme. Salvador ne tournait jamais sans qu'elle soit à proximité. Elle faisait office d'imprésario, à l'image de madame de Funès. Elle surveillait absolument tout, au point de perturber le travail de toute l'équipe. Je l'ai par exemple entendue dire au réalisateur, devant tout le monde et sans la moindre gêne :

« Inutile de tourner ce plan, nous le couperons. »

Les répliques de Jean Le Poulain ne lui plaisaient pas, parce qu'il faisait trop rire, au détriment, selon elle, de son mari. Henri Salvador n'avait pas besoin de ça pour prouver son talent. Il aurait pu être aussi connu en tant qu'acteur que chanteur, car il était très drôle.

> *L'Auvergnat et l'autobus*
> Réalisateur : Guy Lefranc.
> Scénario et dialogues : Maurice Chevit et Guy Lionel.
> Sortie nationale : 18 avril 1969.

Avec Fernand Raynaud (Julien Brulebois), Christiane Minazzoli (Lisbeth Veber), Julien Guiomar (maître Chanterive), Pierre Tornade (Grosswiller), Michel Galabru (l'agent Eugène)…

Résumé. – Après avoir touché un héritage, le paysan auvergnat Julien Brulebois décide d'acquérir un autobus, le point de départ de péripéties inattendues.

Et qu'ça saute !

Réalisateur : Guy Lefranc.

Scénario et dialogues : Guy Lionel, Guy Lefranc et François Chavanne, d'après l'œuvre de Charles Exbrayat.

Sortie nationale : 11 septembre 1970.

Avec Henri Salvador (Luis Vasquez), Michel Galabru (Guttierez), Amarande (Pépita), Paul Préboist (Guadara), Jean-Pierre Darras (Jorge Blanco), Roger Carel (Fedorovitch)…

« Pour payer ses équipes, il avait volé une banque »

Jean-Claude Dague, *Poussez pas grand-père dans les cactus* (1969)

Comment un réalisateur comme Jean-Claude Dague a-t-il pu réunir autant de gens de valeur, comme Francis Blanche ou Darry Cowl, dans un film comme *Poussez pas grand-père dans les cactus* ? Ce garçon avait un culot monstre et reste une curiosité totale à mes yeux. J'ai accepté ce film sur les conseils de mon ami Blanche. En à peine une heure, nous avons compris tous les deux que la production n'avait absolument pas d'argent. La maquilleuse, pour ne citer qu'elle, n'en était pas vraiment une. Cette jeune fille se promenait avec une sorte de pot de colle et nous badigeonnait de temps à autre… Au final, *Poussez pas grand-père dans les cactus* est carrément nul, et Jean-Claude Dague a réalisé d'autres films, avant d'être arrêté par la police… en plein hold-up !

Nous ne l'avons su que des années plus tard, mais il avait tenté de cambrioler une banque pour payer ses équipes !

Poursuivi par les flics, Dague avait réussi à sauter dans sa voiture par l'arrière en plongeant par la vitre, avant d'être mis sous les verrous. Cet homme a passé plusieurs longues années de sa vie en prison. À sa sortie, il a repris contact avec moi et nous sommes allés au restaurant avec ses proches. Autour de la table, sa mère le regardait comme s'il avait fait Polytechnique. Elle semblait si fière de son fils... Au cours de ce déjeuner, Dague m'a annoncé qu'il voulait réaliser un film sur son expérience de la prison, ce qui pouvait justifier ma présence autour de la table.

« Toi, tu feras le directeur, m'a-t-il proposé. Mais je te mettrai un garde du corps pour te protéger, parce que j'ai tant de haine envers cet homme que je serais sans doute capable de te sauter dessus pendant le tournage ! »

Ce film s'intitule *Le Dénommé*. Il est sorti à la fin des années 1980. Après, j'ai définitivement perdu de vue Jean-Claude Dague, comme tout le monde je crois.

Poussez pas grand-père dans les cactus

Réalisateur : Jean-Claude Dague.

Scénario et dialogues : Jean-Claude Dague, Jean Stuart et Georges Beller.

Sortie nationale : 5 novembre 1969.

Avec Francis Blanche (Alphonse Ramier/Al Gregor), Darry Cowl (le docteur Bracquet), Michel Galabru (l'inspecteur), Marielle Goitschel (Clotilde), Georges Beller (le portier)...

Résumé. – Las d'avoir été réduit en esclavage par son épouse, Alphonse Ramier vide son compte et part pour une virée mémorable.

Commentaire. – La comédie de Jean-Claude Dague est pratiquement muette, à l'exception du personnage de Michel Galabru.

Le Dénommé

Réalisateur : Jean-Claude Dague.

Scénario et dialogues : Jean-Claude Dague.

Sortie nationale : 30 mai 1990.

Avec Jean Dolande (Jean Dolande), Thierry Imbert (Thierry Imbert), Michel Galabru (le juge d'instruction), Lorène Russell (Isabelle Anziani), Philippe Léotard (Auclair)...

« Écoutez, Marielle, finissez, reculottez-vous et revenez-nous vite »

Anouilh et *Les Poissons rouges* (1970)

Un acteur est contemporain d'auteurs dont il espère un jour pouvoir dire les textes. Pourquoi ne pas espérer que les plus grands jettent un œil sur vous, après tout ? Quand Anouilh m'a choisi pour *Les Poissons rouges* avec Jean-Pierre Marielle, je me suis senti valorisé. *Les Poissons rouges* racontent une histoire vécue par Anouilh et beaucoup de ceux qui, comme moi, ont connu la guerre. Il avait eu un copain qui l'accompagnait sur le front, avec qui il parlait et dont il avait besoin. Ce compagnon de route avait un niveau social inférieur au sien. Il s'appelait La Surette, mon rôle dans sa pièce. Sur scène, Marielle représentait l'aristocrate et moi le pauvre.

Comment décrire son génie de metteur en scène comme d'auteur ? Je me souviens très bien de cet homme exquis, qui n'a jamais élevé la voix. Pendant les répétitions, Jean-Pierre Marielle avait pourtant eu du mal à retenir son texte. Exaspéré, il avait fini par lâcher :

« Et puis vous me faites chier avec votre texte ! »

Dans la salle, j'imaginais la pire des réactions. Anouilh lui a répondu très calmement :

« Écoutez, Marielle, finissez, reculottez-vous et revenez-nous vite. »

Marielle a été scié en deux.

Durant nos journées de travail, nous prenions généralement une pause autour de 16 heures et nous nous rendions tous ensemble dans une petite pâtisserie, située juste en face du théâtre de l'Œuvre. Là, tandis que nous prenions le thé, Marielle est arrivé un jour accompagné d'une jeune femme très jolie. Anouilh a lancé :

« Eh bien, Marielle arrive avec une jeune fille. Elle est belle et a l'air gentil… »

Il possédait une classe extraordinaire.

J'ai pour Jean-Pierre Marielle une estime incroyable, parce qu'il est plein de très grandes qualités et d'esprit. Son comique irrésistible, désespéré et profond, me fait toujours hurler de rire. Durant les représentations des *Poissons rouges*, il a été remplacé en raison d'un tournage. Je jouais donc avec un autre partenaire, moins talentueux. À son retour, je me suis senti complètement décalé par rapport à lui. Je parlais faux. Marielle dialoguait tellement juste que je voyais que j'étais à côté de la plaque. Il ne s'en est pas aperçu, mais je suis devenu tout rouge en plein spectacle. Il m'a fallu du temps pour revenir à son niveau.

Comme moi, Jean-Pierre Marielle n'a jamais été dupe sur notre succès et notre destinée. Nos chemins se sont recroisés à plusieurs reprises, notamment dans *La Valise* de Lautner, *Uranus* de Berri ou *Partenaires*. Dans ce dernier film de Claude d'Anna, j'étais le gardien d'un théâtre où jouait Marielle, avec sa femme incarnée par Nicole Garcia. Nous avions plusieurs scènes communes dans les loges et les coulisses. J'aime ces lieux. La loge est l'endroit où l'homme se retire, un endroit intime au sein duquel le comédien trouve le réconfort. Vous y recevez des félicitations, et parfois aussi des remarques qui vous font comprendre que vous étiez mauvais…

À la fin des représentations des *Poissons rouges*, j'aurais voulu garder le contact avec Anouilh, mais je me sentais inopportun. Par pudeur, je ne voulais pas le déranger. Je crois avoir eu tort. Lui n'a pas hésité au contraire à venir jusque chez moi pour me faire découvrir une autre de ses pièces, *Le Nombril*. Il l'a lue en entier au cours de la soirée. Mon fils l'a filmé en douce et nous avons conservé ce témoignage extraordinaire. Malheureusement, je n'ai pas pu jouer *Le Nombril* en raison de l'imminence d'un tournage. Bernard Blier a eu le rôle à ma place. J'ai écrit une lettre à Jean Anouilh pour m'excuser. Et comme tous les gens intelligents de ce métier, il a très bien compris.

Néanmoins, j'ai eu la chance de rejouer l'une de ses pièces au théâtre du Palais-Royal, intitulée *L'Hurluberlu*. Paul Meurisse avait créé ce rôle dans les années 1950. Pendant les représentations, nous avons appris la mort d'Anouilh. J'ai été obligé d'annoncer sa disparition au public à la fin d'un spectacle. Je savais qu'il était malade, mais je ne m'y attendais pas. Ce fut un moment très pénible dans ma carrière. Je l'estimais énormément.

Peu de temps après *L'Hurluberlu*, j'ai vécu un drame d'une autre nature. Toujours au théâtre, j'ai été distribué à la Renaissance dans *À ta santé Dorothée* de Remo Forlani. Aux répétitions, j'ai compris assez vite que nous présentions une pièce directement inspirée de la terrible situation de Micheline Luccioni, qui jouait le rôle principal en fauteuil roulant ou sur un divan. Je me suis inquiété de son état de santé auprès de l'équipe en prévenant que s'il n'y avait plus aucun espoir pour elle, je ne voulais plus jouer la pièce.

La vérité ne m'a été révélée que plus tard. Mon frère, médecin de profession, m'a ouvert les yeux sur la situation. Luccioni était réellement condamnée. À partir du moment où j'en ai eu la confirmation, je suis resté très humain en façade, mais j'ai trouvé ça dégueulasse. Heureusement, la fin des représentations approchait. Peut-être cette pièce l'a-t-elle aidée… Je ne le saurai jamais.

Les Poissons rouges (ou Mon Père ce héros)
Auteur : Jean Anouilh.
Metteur en scène : Jean Anouilh et Roland Piétri.
Création le 21 janvier 1970 au théâtre de l'Œuvre.
Avec Jean-Pierre Marielle (Antoine de Saint-Flour), Michel Galabru (La Surette), Yvonne Clech (Charlotte), Madeleine Barbulée (madame Prudent)…

Résumé. – Auteur dramatique, Antoine de Saint-Flour marie sa fille, enceinte à 16 ans. Des souvenirs de son enfance jusqu'à la guerre, le personnage se nourrit de remords…

Partenaires
Réalisateur : Claude d'Anna.
Scénario et dialogues : Claude d'Anna et Laure Bonin.
Sortie nationale : 26 décembre 1984.
Avec Nicole Garcia (Marion Wormser), Jean-Pierre Marielle (Gabriel Wormser), Michel Galabru (Charlie), Michel Duchaussoy (Laurent Tedesco), Élisa Servier (Marie-Lou Pasquier)…

L'Hurluberlu ou le Réactionnaire amoureux
Auteur : Jean Anouilh.
Metteur en scène : Gérard Vergez.
Création : 16 septembre 1987 au théâtre du Palais-Royal.
Avec Michel Galabru (le général), Marcel Cuvelier (le docteur), Guy Grosso (Lebelluc), Thérèse Liotard (Aglaé), Annie Savarin (tante Bise), Jacques François (le baron Bélazar)…
Résumé. – « Voulant réformer le monde, [un général] s'aperçoit qu'il ne peut même pas faire régner l'ordre dans sa propre famille » (Jean Anouilh).

À ta santé Dorothée
Auteur : Remo Forlani
Metteur en scène : Jacques Seiler.
Création : 5 octobre 1988 au théâtre de la Renaissance.
Avec Michel Galabru, Micheline Luccioni, Alain Mottet, Jacqueline Jehanneuf, Annie Jouzier, José Luccioni…

« Le talent de Gérard Depardieu a éclaté sous nos yeux »

Le Viager, Pierre Tchernia, Jean-Pierre Darras (1972)

Entre deux rôles insignifiants dans *La Coqueluche* et *L'Œuf* avec Pierre Richard et Guy Bedos, je suis parti pour le Midi, avec Rosy Varte, Michel Serrault et Jean-Pierre Darras, tourner *Le Viager* de Pierre Tchernia. Celui-ci a d'ailleurs eu beaucoup de mérite de nous supporter, car nous étions vraiment une sacrée bande ; les comédiens, quand ils se retrouvent entre copains et commencent à se raconter des anecdotes, personne ne peut les stopper ! Malgré tout, Tchernia a toujours été délicieux avec nous, d'une gentillesse exceptionnelle, doublée d'une intelligence rare. Ce *Viager* reste un souvenir encore plus particulier pour une raison personnelle. Je vivais alors « dans le péché » avec ma future femme depuis plusieurs mois. Elle a rejoint toute notre équipe sur le tournage. Ce film m'a permis de passer quelques semaines en sa compagnie, entouré par des amis, sans être préoccupé par mon épouse légitime.

Parmi cette joyeuse troupe, c'était Jean-Pierre Darras que je connaissais le mieux. À ses débuts, il avait fait du cabaret avec Philippe Noiret. Et lorsque Noiret a été appelé par le cinéma, Darras m'a contacté pour me proposer de le remplacer. Cette vie n'avait rien de simple puisque nous devions partir dans la nuit, parfois sous la neige, pour jouer tard et pour quelques personnes seulement. Nous passions à la Galerie 55. En dessous de la scène, il y avait une cave où nous nous retrouvions. Après notre premier spectacle, Darras est descendu en premier et je l'ai entendu gueuler :

« Alors je n'y comprends rien ! Autrefois, c'était Noiret qui faisait rire le public. Je change d'acteur et je prends ses textes, mais maintenant c'est Galabru qui amuse les gens ! Je n'y comprends rien ! »

Nous sommes restés bons camarades et complices très longtemps, souvent réunis à l'affiche des mêmes films, comme *Les Fourberies de Scapin*, *Le Bourgeois gentilhomme* ou *Le Braconnier de Dieu* qu'il a réalisé. Il avait fait ses classes au TNP et moi au Français. Bien plus tard, je l'ai engagé pour une reprise des *Rustres*. Je n'ai d'ailleurs jamais trouvé un meilleur comédien que lui pour le rôle. Mais j'ai compris qu'il n'était pas satisfait, car il voulait mon personnage. Puis il a créé son propre festival de Carpentras. Il ne m'a jamais engagé en retour, alors que nous lui proposions de jouer *La Femme du boulanger*. J'ai été déçu par sa réaction. Je préfère garder les bons souvenirs, ceux d'un homme drôle, sympathique et excellent acteur.

Pour en revenir à Pierre Tchernia, il m'a repris pour *Les Gaspards* où nous jouions dans les souterrains. Il avait le don de dénicher de bonnes idées et de réunir de bons comédiens. Dans notre groupe, il y avait le tout jeune Gérard Depardieu. Il ne jouait encore que de tout petits rôles, mais ma première femme l'avait repéré comme elle l'avait fait auparavant avec Belmondo. Elle m'avait prévenu qu'il était promis à un bel avenir. Force est de constater qu'au-delà de sa bizarrerie, ma première femme avait l'œil. Le talent de Gérard Depardieu a éclaté sous nos yeux, juste avant *Les Valseuses*.

Depuis, Depardieu est devenu l'un des rares, le seul peut-être, à approcher Michel Simon, Raimu, Gabin ou Fernandel. Il appartient à la catégorie des « monstres », comme on dit. Je ne vois aucun acteur capable de l'égaler dans sa génération. Après *Les Gaspards*, nous nous sommes retrouvés dans *Le Choix des armes* d'Alain Corneau, un polar bien ficelé. Je faisais le commissaire et lui la petite frappe. Dans l'une de nos premières scènes, il me clouait contre une voiture. J'en ai bavé tant il avait de violence en lui, une force énorme ! Dans ce film, Montand et Deneuve avaient les deux rôles les plus importants. Comme souvent, ma prestation ne devait pas excéder deux journées. Pendant un tournage de nuit, par un temps glacial, Catherine Deneuve est venue me saluer. Je n'avais pas osé faire le premier pas vers elle pour éviter de la déranger. Elle s'est avancée vers moi et m'a dit bonjour. Elle ne me considérait pas comme une merde !

La Coqueluche
Réalisateur : Christian-Paul Arrighi.
Scénario et dialogues : Christian-Paul Arrighi et Bernard Revon.
Sortie nationale : 13 octobre 1971.
Avec Pierre Richard (Pierre), Michel Galabru (Albert), Marthe Mercadier (Marie-Blanche), Jean-Pierre Darras (Perotti), Claude Piéplu (le commandant)...

L'Œuf
Réalisateur : Jean Herman.
Scénario et dialogues : Jean Herman, d'après l'œuvre de Félicien Marceau.
Sortie nationale : 8 mars 1972.
Avec Guy Bedos (Émile Magis), Jean Rochefort (Victor Dugommier), Bernadette Lafont (Rose), Michel Galabru (Gaston Bethoullet), Marie Dubois (Hortense Berthoullet)...

Le Viager
Réalisateur : Pierre Tchernia.
Scénario et dialogues : René Goscinny et Pierre Tchernia.
Sortie nationale : 2 février 1972.
Avec Michel Serrault (Louis Martinet), Rosy Varte (Elvire Galipeau), Michel Galabru (Léon Galipeau), Jean-Pierre Darras (Émile Galipeau), Odette Laure (Marguerite Galipeau), Claude Brasseur (Noël Galipeau)...
Résumé. – 1930. Le docteur Léon Galipeau a ausculté Louis Martinet. Selon lui, aucun doute, l'homme n'a plus que deux ans à vivre au maximum. Sans attendre, la famille Galipeau achète en viager sa maison de Saint-Tropez...

Les Gaspards
Réalisateur : Pierre Tchernia.
Scénario et dialogues : René Goscinny et Pierre Tchernia.
Sortie nationale : 6 février 1974.
Avec Michel Serrault (Jean-Paul Rondin), Philippe Noiret (Gaspard de Montfermeil), Annie Cordy (Ginette Lalatte), Michel Galabru (commissaire Lalatte), Charles Denner (le ministre), Chantal Goya (Marie-Hélène Rondin), Gérard Depardieu (le facteur)...

Le Choix des armes
Réalisateur : Alain Corneau.
Scénario et dialogues : Alain Corneau et Michel Grisolia.
Sortie nationale : 19 août 1981.
Avec Yves Montand (Noël), Catherine Deneuve (Nicole), Gérard Depardieu (Mickey), Michel Galabru (Bonnardot), Gérard Lanvin (Sarlat), Pierre Forget (Serge)...
Résumé. – La confrontation entre Mickey, une tête brûlée en cavale, Noël, un ancien du milieu, et le commissaire Bonnardot, proche de la retraite.

« Quand Michel est à l'affiche, il ne faut pas y aller ! »

Alice Sapritch et Paul Préboist

Le moment est venu de faire un aveu peut-être inédit : les trois quarts du temps, je signais les contrats sans même connaître le sujet des films. Je ne connaissais rien au scénario et tout juste vaguement ma partie. En bon exécutant, j'apprenais mes textes parce que j'étais obligé de le faire, mais je ne m'intéressais pas à l'histoire du film en général. Cette fainéantise a parfois eu des conséquences qui auraient pu s'avérer fâcheuses. À la radio, en pleine promotion, un présentateur a bien failli me coincer une fois. J'étais installé à côté du réalisateur et il m'a demandé en direct :

« Quel est le sujet de votre nouveau film ? »

Je ne le savais évidemment pas. Alors, je m'en suis sorti par une entourloupe extraordinaire :

« Bérénice… Qu'est-ce que c'est ? Bérénice aime Titus. Titus aime Bérénice. C'est tout. »

À ce moment-là, le metteur en scène, éclatant d'orgueil, a confirmé :

« C'est exactement cela ! »

Cette anecdote est significative de mon indifférence, de ma méconnaissance, de ma nonchalance, mais aussi de mon habileté.

Depuis toujours, la paresse me caractérise autant que l'inertie. Je peux ainsi rester des heures sans rien faire, avec en tête l'idée que je dois faire les choses... Alors, je rêve, je pense, je regarde vaguement par la fenêtre ou la télévision... Tous mes insuccès au lycée proviennent de cette atonie. En classe, je ne retenais absolument rien de ce que nous racontaient les professeurs. Mes parents avaient pourtant de l'espoir et m'ont inscrit de force au cours de latin et de grec ! Par chance, je me revois revenir avec un 13/20 à ma version, non parce que j'avais révisé, mais parce que le sujet m'avait inspiré. J'avais cru comprendre que le texte à traduire parlait d'un professeur de belles manières. Il enseignait les usages et les coutumes avec exigence, alors que chez lui il se comportait comme un gros dégueulasse. J'ai ri et tout déroulé à la devinette.

Dans les années 1970, je le répète, Darry Cowl, Paul Préboist, Alice Sapritch, Roger Carel, moi et tous les autres n'étions pas responsables de ce que nous tournions : dès qu'il y avait une connerie à dire, les producteurs pensaient à nous. Si nous avions refusé ces films, de quoi aurions-nous vécu ? Personne ne nous donnait rien d'autre. Le seul intérêt à faire *L'Heptaméron*, *Les Vacanciers*, *Le Plumard en folie*, *Elle cause plus... elle flingue*, *Par ici la monnaie*, *Soldat Duroc*, *Ça va être ta fête* ou *Y a pas de mal à se faire du bien* et tous les autres était financier. Je n'avais que des petits rôles de rien du tout. Dans *La Belle Affaire*, Ginette Leclerc a même son nom en dessous du mien sur l'affiche, alors qu'elle avait joué dans *La Femme du boulanger* avec Raimu. Quelle horreur ! Elle avait sans doute besoin d'argent elle aussi.

À dire vrai, le cinéma ne m'a jamais vraiment intéressé. Pour moi, jouer n'est possible qu'au théâtre, au travers d'une pièce, avec un commencement et une fin. Au cinéma, nous sommes convoqués un jour pour tourner un morceau de scène, qui s'insère elle-même dans un contexte qui nous est inconnu. Avec deux ou trois jours de présence, impossible de créer un rôle conséquent. Le théâtre, lui, révèle tout l'art du comédien. Bien entendu, je n'étais pas inconscient lorsque je tournais des mauvais films. Certains des *Gendarme* sont d'ailleurs très moyens à mon goût. Mon frère avait fait son analyse :

« Quand Michel est à l'affiche, il ne faut pas y aller ! »

Ça avait le mérite d'être clair.

Parmi mes partenaires de cette époque, Alice Sapritch possédait plus d'un talent. Elle avait une personnalité. Elle n'a tourné que des conneries, mais ça ne l'a pas empêchée d'être très populaire, autant que Brigitte Bardot ! Elle conservait même son originalité à la scène comme à la ville. Je nous revois tous les deux déambulant dans les rues de Marseille. Comme nous approchions d'un marché, deux poissonnières se sont mises à crier :

« Eh bien ! Elle est moins laide qu'à la télé ! »

Puisque je les avais entendues, leur remarque n'avait sans doute pas échappé à Sapritch non plus… Mais elle a continué son chemin la tête haute.

Sapritch aurait mérité d'être engagée dans des productions plus intéressantes que *Les Joyeux Lurons* ou *Le Führer en folie*… Elle n'est pas la seule. De toute notre troupe, Paul Préboist avait indéniablement les dispositions d'un grand comique. La justice n'est, hélas ! pas de ce monde et personne ne lui a jamais confié un rôle à sa mesure. Il a eu son heure de gloire chez Patrick Sébastien à la télévision…

Pourquoi donc les comiques ne sont-ils que si rarement pris au sérieux ? Il inventait un sketch toutes les dix minutes, souvent drôle, parfois idiot. Il ne savait malheureusement pas s'arrêter et amoncelait les blagues toute la journée, au point d'en lasser les techniciens. Son numéro continuel en a fatigué plus d'un sur les tournages, mais il avait aussi des fulgurances géniales.

Préboist n'avait pas non plus un physique facile. Sur un tournage, je me souviens lui avoir prodigué un conseil fort utile :

« Tu sais, Paul, c'est quand même bête que tu n'aies jamais connu une très belle femme. Tu as de l'argent maintenant. Tu peux aller à la Madeleine et te payer une bonne pute, ça te fera du bien !

— Non, non, non. Tu vois Michel, moi je prends un billet de cinquante francs. Je me le mets sous le pied. Et puis je me branle. Après, quelle satisfaction de retrouver mes cinquante francs ! »

Je ne compte plus les films sans intérêt où j'ai joué à ses côtés, de *Signé Furax* à *La Grande Récré* en passant par *Le Facteur de Saint-Tropez*. Ce titre est tellement racoleur ! Richard Balducci avait raclé les fonds de tiroirs pour essayer de faire comme le *Gendarme*... Lamentable.

Elle cause plus... elle flingue
Réalisateur : Michel Audiard.
Scénario et dialogues : Michel Audiard.
Sortie nationale : 23 août 1972.
Avec Annie Girardot (Rosemonde), Bernard Blier (Camille Bistingo), Jean Carmet (Jambe de laine), Darry Cowl (Adrien Bondu), Maurice Rigaud (Herbert), Michel Galabru (le cardinal Zeppelin), André Pousse (Max)...

Les Joyeux Lurons
Réalisateur : Michel Gérard.
Scénario et dialogues : Vincent Gauthier et Michel Gérard.
Sortie nationale : 22 novembre 1972.
Avec Philippe Clay (Larivière), Alice Sapritch (Léonie), Michel Galabru (Bossuet), Paul Préboist (Paccard), Jacques Balutin (Fénelon)...

La Belle Affaire
Réalisateur : Jacques Besnard.
Scénario et dialogues : André Clair, Robert Thavas et Jean Halain.

Sortie nationale : 29 mars 1973.

Avec Michel Serrault (Paul), Ginette Leclerc (madame Max), Rosy Varte (Thérèse), Michel Galabru (le commissaire), Raymond Gérôme (Genève)...

Les Vacanciers

Réalisateur : Michel Gérard.

Scénario et dialogues : Michel Gérard et Vincent Gauthier.

Sortie nationale : 27 mars 1974.

Avec Paul Préboist (Benjamin Chatton), Alice Sapritch (la tante Aimée), Michel Galabru (Aloyse Frankensteinmulh), Jacqueline Jehanneuf (Stéphanie Frankensteinmulh)...

Le Plumard en folie

Réalisateur : Jacques Lem.

Scénario et dialogues : Jacques Lem, Rita Krauss et Robert Thomas.

Sortie nationale : 3 avril 1974.

Avec Alice Sapritch (la dame blonde), Michel Galabru (Charles), Paul Préboist (le livreur), Jean Lefebvre (Adrien), Claude Gensac (Adrienne), Roger Carel (la voix du lit)...

Le Führer en folie

Réalisateur : Philippe Clair.

Scénario et dialogues : Philippe Clair et Anita Benzaquen.

Sortie nationale : 12 avril 1974.

Avec Henri Tisot (Adolf Hitler), Alice Sapritch (Eva Braun), Patrick Topaloff (Johnny), Michel Galabru (Achtung), Luis Rego (Harry), Pierre Doris (le colonel)...

Commentaire. – À l'ORTF, Alice Sapritch a confié au sujet de cette comédie loufoque : « Je ne vois dans les dictateurs que des personnages grotesques. On le rend [Hitler] le plus grotesque possible. »

Par ici la monnaie
Réalisateur : Richard Balducci.
Scénario et dialogues : Jacques Letienne et Richard Balducci.
Sortie nationale : avril 1974.
Avec Patrick Topaloff (Wolfgang-Amadeus Bozard), Henri Guybet (Farfalla), Robert Castel (Roméo), Patrick Préjean (Othello), Michel Galabru (l'évêque), Ginette Garcin (Fernande)…

L'Heptaméron (ou Ah ! Si mon moine voulait)
Réalisateur : Claude Pierson.
Scénario et dialogues : Huguette Boisvert.
Sortie nationale : 23 octobre 1974.
Avec Gilles Latulipe (le jeune moine), Jean-Marie Proslier (le gros moine), Roger Carel (maître Bornet), Michel Galabru (maître Lamothe), Paul Préboist (maître Sandras)…

Soldat Duroc, ça va être ta fête !
Réalisateur : Michel Gérard.
Scénario et dialogues : Michel Gérard.
Sortie nationale : 23 avril 1975.
Avec Pierre Tornade (le sergent-chef Lapointe), Nathalie Courval (Brigitte), Marco Perrin (Gaëtan Duroc), Robert Webber (le sergent John Lewis), Michel Galabru (le boulanger), Philippe Castelli (le colonel)…

C'est jeune et ça sait tout (ou Y a pas de mal à se faire du bien)
Réalisateur : Claude Mulot.
Scénario et dialogues : Claude Mulot, Michel Lebrun et Jean Curtelin.
Sortie nationale : 30 avril 1975.
Avec Michel Galabru (Lambris), Jean Lefebvre (Charles Lebrun), Darry Cowl (le livreur), Françoise Lemieux (Martine Lebrun), Daniel Ceccaldi (l'ambassadeur)...

Signé Furax
Réalisateur : Marc Simenon.
Scénario et dialogues : Marc Simenon et Xavier Gélin, d'après l'œuvre de Pierre Dac et Francis Blanche.
Sortie nationale : 1er avril 1981.
Avec Michel Galabru (Black), Paul Préboist (White), Jean-Pierre Darras (Socrate), Mylène Demongeot (Malvina), Gérard Hernandez (Asti Spumante), Pierre Mondy (Amédée Gonflard)...

Le Facteur de Saint-Tropez
Réalisateur : Richard Balducci.
Scénario et dialogues : Richard Balducci.
Sortie nationale : 31 juillet 1985.
Avec Paul Préboist (Robin Bellefeuille), Michel Galabru (le député de Lespinasse), Marion Game (Chantal Sagazan), Manuel Gélin (Julien Bellefeuille)...

« J'ai été lamentable devant cette poitrine magnifique, des seins beaux comme deux œillets »

La Claque et Pierre Fresnay (1972)

Au cinéma, toutes mes apparitions, même furtives, me permettaient de gagner suffisamment d'argent pour me permettre de choisir mes rôles au théâtre. Sur scène, je ne me prenais pas pour une merde. Et André Roussin m'a offert un beau cadeau en me permettant de jouer *La Claque* avec Pierre Fresnay. Roussin et moi nous étions connus à l'époque de *Pieds nus dans le parc*, que j'avais joué au théâtre de la Madeleine en 1964, avec Jean-Pierre Cassel et Mireille Darc. Il avait écrit *La Claque* en s'inspirant de l'histoire de Clarendon, le célèbre critique du *Figaro*, qui avait reçu une gifle après un article, en imaginant les conséquences.

À la fin d'un cocktail, Fresnay m'avait prévenu que j'assisterais sans doute à des scènes entre lui et sa compagne, Yvonne Printemps. Il s'agissait de ne pas y prêter attention. Au début, nous n'avons rien vu de particulier. Le temps a passé… et finalement, nous n'avons pas été déçus ! Yvonne

Printemps patientait généralement durant toute la pièce dans sa loge. En remontant l'escalier des coulisses, après un spectacle, mon amie Jacqueline Jehanneuf et moi l'avons entendue s'exclamer :

« Quel con ! Mais quel gros con ! »

Nous étions un peu gênés puisque Fresnay nous précédait dans les marches. Il s'est retourné vers nous et m'a dit :

« Vous vous étonnez, mon cher Galabru ? Moi, je n'entends que "mon chéri" ! »

À la suite de l'une des représentations, Fresnay avait eu la gentillesse de m'inviter à souper chez Drouant avec Yvonne Printemps. La salle du restaurant était pleine à craquer. Dans la discussion, Fresnay lui a fait une réflexion sur sa tenue, parce qu'il avait remarqué que nous distinguions un bout de sa peau et de ses sous-vêtements.

« Quoi ! Quoi ! Quoi ! » a-t-elle explosé soudainement.

Et en même pas une seconde, elle a retiré ses vêtements alors qu'elle ne portait justement pas de soutien-gorge. Le pauvre Fresnay était tout rouge de honte. Moi, j'ai été lamentable devant cette poitrine magnifique, des seins beaux comme deux œillets : j'ai été pris d'un fou rire. Yvonne Printemps a fini par baisser son haut…

Une autre fois, Fresnay m'avait donné un texte à lire, en prenant bien soin de me préciser :

« Vous comprenez Galabru, vous avez parfois une nature un peu fruste. Et là, il s'agit du rôle d'un avocat parisien. Je me demande si c'est fait pour vous. Enfin, lisez-le et donnez-moi votre impression. »

En effet, au fil des représentations de *La Claque*, j'avais pris quelques libertés avec le texte pour amuser le public… Fresnay et Roussin trouvaient que ce n'était pas digne de la tenue de la pièce. Selon eux, je faisais un peu trop le cabot, ce dont ils n'avaient pas manqué de me faire la remarque – comme Vilar auparavant.

Quelques jours plus tard, alors que je me trouvais à la campagne, le téléphone a sonné :

« Alors, mon cher Galabru, avez-vous lu le texte ? m'a demandé Fresnay.

— Oui. Mais si le personnage est brillant à la ville, sur scène il ne fait pas grand-chose, lui ai-je répondu.

— Très bien, a-t-il continué. Est-ce que vous ne connaîtriez pas quelqu'un de moins perspicace que vous ? »

Avant la fin des représentations de *La Claque* à La Michodière, Fresnay est parti pour l'hôpital. Il est revenu avant de repartir une seconde fois, et mourir. Encore un type au-dessus de la moyenne qui disparaissait.

Tout juste après *La Claque*, Michel Fagadau a monté *Le Borgne*, du Cubain Eduardo Manet. En 1968, nous avions travaillé ensemble à la Gaîté-Montparnasse sur *La Famille Tot d'Okenny*. Cette fois-ci, nous avons enregistré le record d'absence de spectateurs à l'Athénée. Un soir, ils n'étaient que huit – et c'était ma famille ! Sans doute la pièce paraissait-elle trop d'avant-garde. Encore une fois, la conjoncture n'était peut-être pas la bonne… J'ai conservé de bonnes relations avec Manet, mais ce spectacle s'est arrêté très vite, faute de public. Nous nous sommes retrouvés dans le cadre des Rencontres estivales de Malaucène avec *Le Primerissimo*.

Pieds nus dans le parc
Auteur : Neil Simon.
Metteur en scène : Pierre Mondy.
Création : 12 décembre 1964 au théâtre de la Madeleine.
Avec Jean-Pierre Cassel (Paul Bratter), Mireille Darc (Corie Bratter), Jacques Balutin (le téléphoniste), Michel Galabru (Victor Valesco), Rosy Varte (madame Banks).
Commentaire. – La célèbre pièce de Neil Simon a été adaptée au cinéma en 1967, avec Robert Redford, Jane Fonda et Charles Boyer.

La Famille Tot
Auteur : István Örkény.
Metteur en scène : Michel Fagadau.
Création : 10 octobre 1968 au théâtre de la Gaîté-Montparnasse.
Avec Michel Galabru (monsieur Tot), Gabriel Jabbour (le commandant), Francis Lemaire (le facteur), Dominique Blanchar (Mariska)...

La Claque
Auteur : André Roussin.
Metteur en scène : André Roussin.
Création : 17 octobre 1972 au théâtre de La Michodière.
Avec Michel Galabru (Achille Sarclay), Pierre Fresnay (Hector Sarclay), Alain Doutey (Frédéric Sarclay), Jacqueline Jehanneuf (Simone Sarclay), Renaud-Mary (Marius Reims)...

Avec Philippe Noiret dans *Le Juge et l'Assassin*, 1975.

Avec Anicée Alvina
en 1976 dans *Le Trouble-fesses*.

Avec Romy Schneider dans *Portrait de groupe avec dame*, 1976.

Qui a tué le chat? 1977.

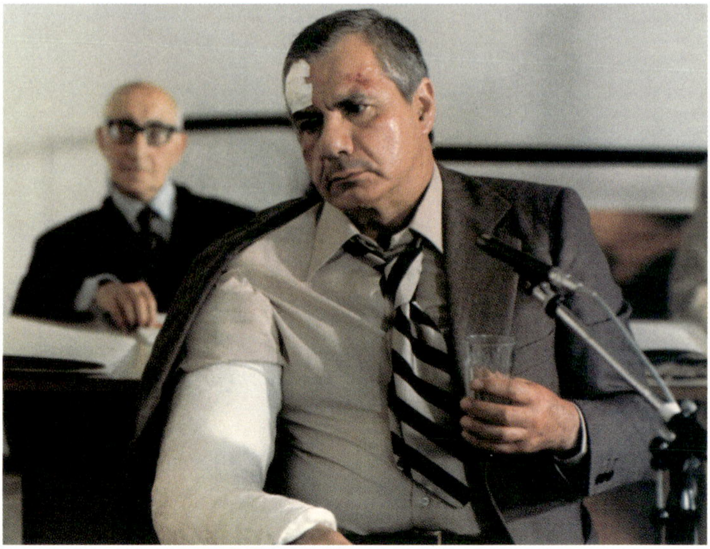

Rabah Loucif, Jean Carmet
et Michel Galabru
dans *Le beaujolais nouveau est arrivé*, 1978.

Avec Michel Serrault dans *La Cage aux folles* en 1978.

Dans *L'Avare*,
avec Louis de Funès, 1979.

Avec Paul Préboist dans *Signé Furax*,
en 1981.

© Mary Evans/Rue des Archives

Avec Nathalie Baye dans *Une semaine de vacances*, 1980.

Les Bidasses aux grandes manœuvres, avec Jacques Legras, 1981.

© Rue des Archives/RDA

Dans *Le Bourgeois gentilhomme*
de Roger Coggio, 1982.

Richard Bohringer et Michel Galabru
dans *Les Sous-doués* de Claude Zidi
en 1980.

Papy fait de la résistance, 1983. Au premier plan : Galabru et Jacqueline Maillan. Au second plan : Martin Lamotte, Dominique Lavanant, Pauline Lafont et Caroline Jacquinot.

Le Facteur de Saint-Tropez, 1985.
De gauche à droite : Henri Génès, Jacques Francel, Michel Galabru, Paul Préboist.

Avec Valérie Mairesse dans *La Femme du boulanger* de Marcel Pagnol au théâtre Mogador en septembre 1985.

Dans *Uranus*, un film de Claude Berri, en 1990.

Le Borgne (ou Holocaustum)
Auteur : Eduardo Manet.
Metteur en scène : Michel Fagadau.
Création : 13 octobre 1973 au théâtre de l'Athénée.
Avec Michel Galabru (Tibulus), Francis Lemaire (Martibus), Jacques Rosny (Cumulus), Sacha Pitoëff (Le Borgne)...
Résumé. – Trois hommes sont condamnés à pénétrer dans l'arène aux lions. Si l'un d'eux entre volontairement, les deux autres auront la vie sauve.

Le Primerissimo
Auteur : Eduardo Manet.
Metteur en scène : Eduardo Manet.
Création : 15 juillet 1988 à Malaucène.
Avec Michel Galabru, Magali Noël, Jean-Claude Fernandez.

« Georges Lautner m'a été d'une grande fidélité »

De *Quelques messieurs trop tranquilles* (1973) à *Room Service* (1992)

Les films de Georges Lautner ont jalonné ma carrière au cinéma, des années 1970 jusqu'aux années 1990. Tout a commencé avec le très sympathique *Quelques messieurs trop tranquilles*. Nous étions en pleine vague hippie, un phénomène que j'avais déjà touché du doigt avec *Le Gendarme en balade* quelques années plus tôt. Les conditions étaient agréables : la production m'avait logé dans un château et quelqu'un venait me chercher tous les matins en voiture. À l'intérieur était souvent déjà installé Paul Préboist, qui vivait quant à lui au village. Un jour, il m'a raconté cette anecdote historique :

« Je suis dans le même hôtel que Dani et tous les jours je range ses robes, je lui apporte son café et même son journal. Tous les matins, Michel ! Alors, j'ai fini par lui demander si on allait baiser… Elle m'a répondu que non. Alors maintenant, plus de journal et plus de café ! »

Je n'en pouvais plus à l'arrière de la voiture ! Dani avait déjà un nom dans la chanson. Elle faisait avec nous ses débuts d'actrice. Et quels débuts !

Rapidement, Lautner m'a rappelé pour *La Valise*, avec Marielle et Constantin. Sur ce tournage, Mireille Darc m'a blessé. Nous avions déjà fait du théâtre ensemble, à l'affiche de *Pieds nus dans le parc* de Neil Simon, et nous nous connaissions un peu. Dans la scène, je devais la violer sur un bateau, dont mon personnage était le capitaine. Elle m'a interpellé sur le plateau en criant :

« J'espère que tu n'as pas rêvé cette nuit ! »

Sur le moment, j'ai trouvé cette prétention inadmissible. Non, Mireille, je n'ai pas rêvé du tout. J'ai même dormi d'un très bon sommeil !

Pendant longtemps, Georges Lautner m'a été d'une grande fidélité et nous avons toujours gardé de très bonnes relations. Cela dit, à l'exception de *Quelques messieurs trop tranquilles* et des films de Belmondo (*Flic ou voyou* et *Le Guignolo*), il ne m'a jamais donné plus de trois ou quatre jours de tournage pour me faire plaisir, comme dans *Est-ce bien raisonnable ?*, *La Cage aux folles III*, *La Vie dissolue de Gérard Floque* ou *L'Invité-surprise*. Ma participation se résumait généralement à dire cinq ou six phrases anodines. Certains films avaient de la gueule, d'autres n'avaient aucun intérêt. Dans *Room Service*, notre dernière collaboration, il avait réuni de très bons acteurs pour leur distribuer n'importe quoi.

Serrault, Prévost, Jouanneau : chacun aurait mérité un bon rôle et aucun ne l'a eu. Un film épouvantable !

> *Quelques messieurs trop tranquilles*
> Réalisateur : Georges Lautner.
> Scénario et dialogues : Georges Lautner et Jean-Marie Poiré, d'après l'œuvre d'A.D.G.
> Sortie nationale : 25 janvier 1973.
> Avec Michel Galabru (Peloux), André Pousse (Gérard), Renée Saint-Cyr (la comtesse), Jean Lefebvre (Julien Michalon), Henri Guybet (Arsène Cahuzac), Dani (Odette), Paul Préboist (Adrien Perroles)...
> Résumé. – À Loubressac, l'arrivée d'une bande de hippies coïncide avec le meurtre du régisseur de la comtesse.

> *La Valise*
> Réalisateur : Georges Lautner.
> Scénario et dialogues : Francis Veber.
> Sortie nationale : 11 octobre 1973.
> Avec Michel Constantin (le capitaine Augier), Jean-Pierre Marielle (le commandant Bloch), Mireille Darc (Françoise), Michel Galabru (Baby), Jean Lefebvre (le bagagiste), Amidou (Abdul Fouad)...

> *Est-ce bien raisonnable ?*
> Réalisateur : Georges Lautner.
> Scénario et dialogues : Jean-Marie Poiré et Michel Audiard.
> Sortie nationale : 25 mars 1981.
> Avec Miou-Miou (Julie Boucher), Renée Saint-Cyr (la veuve Bertillon), Gérard Lanvin (Gérard Louvier), Michel Galabru (Émile Dugoineau), Jean-Pierre Darroussin (Henri)...

La Vie dissolue de Gérard Floque
Réalisateur : Georges Lautner.
Scénario et dialogues : Jean-Jacques Tarbès, Christian Watson, Christian Clavier et Martin Lamotte.
Sortie nationale : 14 janvier 1987.
Avec Roland Giraud (Gérard Floque), Marie-Anne Chazel (Martine Vasseur), Jacqueline Maillan (la mère de Cécile), Clémentine Célarié (Cécile Floque), Michel Galabru (Jean-Étienne Nasal)...

L'Invité-surprise
Réalisateur : Georges Lautner.
Scénario et dialogues : Georges Lautner et Didier Van Cauwelaert.
Sortie nationale : 14 janvier 1987.
Avec Victor Lanoux (Charles Mazzena), Éric Blanc (Martin Gaillard), Michel Galabru (le commissaire Le Bourreux), Jean Carmet (le colonel Borme), Jacques François (le directeur de la PJ)...

Room Service
Réalisateur : Georges Lautner
Scénario et dialogues : Georges Lautner et Albert Kantoff.
Sortie nationale : 24 juin 1992.
Avec Michel Serrault (monsieur Luc), Michel Galabru (Fernand Castanier), Renée Saint-Cyr (la comtesse), Jacques Jouanneau (le vicomte Louis), Daniel Prévost (Frank)...

« Je ne suis pas un étrangleur »

Jean-Pierre Mocky, Michel Simon et *L'Ibis rouge* (1975)

Mon premier film avec Jean-Pierre Mocky date de 1965. Il s'agissait de *La Bourse et la vie*, avec Fernandel. Dix ans plus tard, Mocky m'a réengagé pour *Un linceul n'a pas de poches*, dans lequel il tenait le rôle principal en plus d'assurer la mise en scène. Nous avons enchaîné avec *L'Ibis rouge*, où il m'a offert l'honneur de donner la réplique à l'immense Michel Simon. Le premier jour que nous avons passé ensemble, nous nous sommes dit bonjour dans une cave, où son personnage devait m'étrangler ! Michel Simon m'a salué avec beaucoup d'affection et j'étais même étonné qu'il connaisse mon nom. Serrault (lui aussi à l'affiche) et moi n'étions quand même pas du même calibre que Jouvet ou Gabin, ses partenaires habituels. Puis Mocky a subitement demandé le silence. Michel Simon avait la réputation de ne tourner qu'une seule prise par plan. Le moment était donc grave.

« Michel Simon, très bien. Bravo, lui a lancé Mocky après la prise. Mais vous n'avez pas étranglé Galabru. »

L'autre lui a répondu :

« Je ne suis pas un étrangleur !

— D'accord, mais il faut bien qu'il meure, a persisté Mocky.

— D'une crise cardiaque ! » a répliqué Simon.

Pendant qu'ils discutaient, j'étais resté allongé à attendre. Au fond de moi, j'avais une certaine appréhension en pensant au jeu si naturel de ce géant. Allait-il m'étrangler pour de bon si Mocky le convainquait ? Au lieu de cela, il m'a donc à peine effleuré le cou. Et Jean-Pierre Mocky a dû trouver un subterfuge au montage pour expliquer la mort de mon personnage.

L'Ibis rouge est le dernier film de Michel Simon. Il est décédé peu de temps après.

Après cette expérience unique, Jean-Pierre Mocky m'a confié un petit rôle dans *Y a-t-il un Français dans la salle ?*, avec la pulpeuse Andréa Ferréol et Victor Lanoux, en 1982, et puis dans sa série « Myster Mocky présente », en 2008. Nous avons eu d'autres projets tous les deux, encore récemment. Fort étrangement, il a toujours gardé cette réputation de réalisateur difficile, mais cela n'a jamais porté à conséquence dans le travail. Aucun acteur ni technicien n'a réellement peur de lui. Plus Mocky gueule et plus tout le monde se marre, contrairement à ce qui se passe avec d'autres cinéastes réellement austères.

Un linceul n'a pas de poches
Réalisateur : Jean-Pierre Mocky.
Scénario et dialogues : Jean-Pierre Mocky et Alain Moury, d'après l'œuvre d'Horace McCoy.
Sortie nationale : 25 octobre 1974.
Avec Myriam Mézières (Mira Barnowski), Jean-Pierre Mocky (Michel Dolannes), Francis Blanche (Grissom), Jean Carmet (Bude), Michel Galabru (Thomas), Michel Constantin (Culli), Michel Serrault (Justin Blesh)...

L'Ibis rouge
Réalisateur : Jean-Pierre Mocky.
Scénario et dialogues : Jean-Pierre Mocky et André Ruellan, d'après l'œuvre de Fredric Brown.
Sortie nationale : 21 mai 1975.
Avec Michel Simon (Zizi), Michel Galabru (Raymond Villiers), Michel Serrault (Jérémie), Jean Le Poulain (monsieur Ratin), Évelyne Buyle (Évelyne Villiers)...
Résumé. – Raymond Villiers, représentant en liqueurs, doit rembourser une dette de jeu, tandis qu'un mystérieux étrangleur sévit dans la ville. Zizi, marchand de journaux, raconte qu'il est l'auteur de ces crimes.

Y a-t-il un Français dans la salle ?
Réalisateur : Jean-Pierre Mocky.
Scénario et dialogues : Jean-Pierre Mocky et Frédéric Dard.
Sortie nationale : 28 avril 1982.
Avec Jacques Dutronc (Éric Plante), Victor Lanoux (Horace Tumelot), Marion Peterson (Noëlle Réglisson), Andréa Ferréol (Georgette Réglisson), Michel Galabru (Victor Réglisson), Jean-Luc Bideau (Serruti).

« Myster Mocky présente » – Le Farceur
Réalisateur : Jean-Pierre Mocky.
Avec Michel Galabru, Charles Berling, Évelyne Macko…
Diffusion TV : 29 juin 2008 sur 13e rue.
Commentaire. – « Myster Mocky présente » est une série de trois saisons et 41 épisodes, lancée en 2007.

« Chez Gaumont, les pontes ont compris que j'étais la clé du film »

Costa-Gavras, Jean Marbeuf et Claude Vital

Au-delà des deux films avec Jean-Pierre Mocky, j'ai aussi eu la chance de tourner avec Costa-Gavras dans *Section spéciale* en cette même année 1975. Bêtement, les critiques n'ont pas manqué de lui reprocher de faire son long-métrage avec des ringards comme moi, Jacques François et Claude Piéplu ! Ce grand monsieur du cinéma avait fait appel à nous malgré toutes les conneries noires que nous avions pu jouer par le passé. Les cinéastes les plus intelligents n'ignoraient donc pas notre valeur.

Pour une fois, je me suis intéressé à l'histoire, et plus précisément à l'attentat du métro Barbès, perpétré en pleine collaboration. Je faisais un juge qui refuse de siéger à la cour spéciale voulue par Vichy pour choisir et condamner à mort six Français en représailles de l'assassinat du militaire allemand. Dans ma seule scène, Costa-Gavras m'a donné une très bonne indication de jeu. Moi, je parlais fort comme un homme en colère. Il m'a suggéré d'être au contraire très discret. Et il avait raison.

À l'extrême opposé de *La Grande Récré*, *L'Intrépide* ou *Le Grand Fanfaron*, cette année 1975 a aussi été marquée par *Monsieur Balboss*, le point de départ d'une longue collaboration avec Jean Marbœuf. Elle coïncide surtout avec la lettre d'un copain de collège de Montpellier, qui m'avait demandé de lui rendre service : donner sa chance à son fils, Stéphane, qui voulait faire du cinéma derrière la caméra... Voir ma gueule étalée sur les affiches suffisait à faire croire à mes amis que je pouvais ouvrir en grand les portes des studios et des bureaux des producteurs. Me voici très embêté, puisqu'il n'en était rien du tout. Le schéma était simple : si je ne faisais rien, ce copain s'imaginerait que j'avais pris la grosse tête. Si je décidais de l'aider, il me fallait trouver une solution. J'ai dit oui et son fils a débarqué à Paris. Est alors survenue ma rencontre avec Jean Marbœuf.

Au premier rendez-vous, il ne payait pas de mine, vêtu avec son jean sale et délavé, son chandail douteux et ses sabots. Il m'a regardé avec insistance et m'a demandé :

« Je voudrais faire un film avec vous. J'ai demandé vos prix à votre agent, mais je ne peux pas. Est-ce que vous ne pourriez pas me le faire gratuitement ? »

J'ai réfléchi quelques instants avant de lui répondre :

« Oui, mais à une seule condition : vous prenez en stage le fils d'un copain, qui désire devenir technicien. »

Marbœuf s'est mis à gueuler :

« Je n'ai pas les moyens de lui payer à bouffer à midi ! Je ne sais pas où le loger ! »

Alors, j'ai décidé de tout prendre à ma charge. Marbœuf n'avait plus qu'à dire oui. Et je n'ai jamais eu à regretter ce choix. Ce jeune cinéaste n'était pas sans talent et je l'ai d'ailleurs toujours soutenu. Nous avons fait beaucoup de projets ensemble, à l'image de *Genre masculin*, *La Ville des silences*, *T'es heureuse ? Moi, toujours !*, *Grand Guignol*… Il a su conserver un univers personnel dans chacun de ses films, avec des rôles souvent originaux et très particuliers. En revanche, il m'engageait presque toujours à l'œil, sauf à la fin.

Pour en revenir à Stéphane, le fils de mon ami, ma mission ne s'arrêtait pas là. Il fallait que je lui trouve deux autres stages pour qu'il puisse prétendre devenir second assistant. Sur *Monsieur Balboss*, il ne m'avait pas déçu. Ce petit avait pigé le truc et cavalait dans tous les sens sur le plateau. Il s'est accroché et il a réussi. Marbeuf l'a repris sur *Genre masculin*. Entre-temps, il y avait eu *Le Chasseur de chez Maxim's*, produit par Dassault.

J'avais reçu ce scénario avant d'être convoqué à son bureau. Pour une fois, j'avais décidé de refuser le film.

Dassault ne comprenait pas ma décision et s'est étonné :

« Pourquoi ne voulez-vous pas faire mon film ?

— Parce que ce n'est pas bon », ai-je répondu.

Sa réaction a été immédiate et il m'a proposé un cachet que je ne pouvais pas me permettre de refuser. Ma double vie avait alors pris une tournure plus présidentielle avec la naissance d'Emmanuelle, ma petite dernière. Comme Mitterrand, j'avais une fille illégitime. Seulement, lui, il avait les moyens de la cacher ! Je venais donc d'accepter à contrecœur *Le Chasseur de chez Maxim's*.

Chez Gaumont, les pontes ont vite compris que j'étais devenu la clé du film aux yeux de Dassault. Une seule réunion a suffi pour que je me sente comme un caïd. Ils acceptaient toutes mes remarques. J'ai ainsi pu placer un copain photographe et mon Stéphane.

Quatre ans plus tard, Claude Vital et Dassault ont récidivé avec *Une merveilleuse journée*, d'après les mêmes auteurs, Yves Mirande et Gustave Quinson, puis avec *Le Maestro*.

Section spéciale
Réalisateur : Costa-Gavras.
Scénario et dialogues : Jorge Semprún et Costa-Gavras, d'après l'œuvre d'Hervé Villeret.
Sortie nationale : 23 avril 1975.
Avec Louis Seigner (le garde des Sceaux), François Maistre (le délégué général), Michael Lonsdale (le ministre de l'Intérieur), Pierre Dux (le procureur), Ivo Garrini (l'amiral), Michel Galabru (le président Cournet)...
Résumé. – Le 21 août 1941, un officier de la Kriegsmarine est assassiné sur le quai du métro Barbès par un militant communiste. Le gouvernement de Vichy entend promulguer une loi d'exception réprimant les attentats contre l'occupant.

Monsieur Balboss
Réalisateur : Jean Marbœuf.
Scénario et dialogues : Jean Marbœuf.
Sortie nationale : 3 décembre 1975.
Avec Michel Galabru (le commissaire Balboss), Michel Guyet (le jeune homme), Michel Aumont (le ministre), Michèle Simonnet (madame Balboss), José Artur (le curé)...
Résumé. – Derrière le bon père et bon époux se cache l'autre face du commissaire Balboss...

Genre masculin
Réalisateur : Jean Marbœuf.
Scénario et dialogues : Jean Marbœuf.
Sortie nationale : 1978.
Avec Jean-Pierre Darras (Adolphe), Michel Galabru (Pierre), Jean-Marc Thibault (Alain), Patrick Laval (François), Judith Magre (madame Jacquot)...

La Ville des silences
Réalisateur : Jean Marbœuf.
Scénario et dialogues : Jean Marbœuf, d'après l'œuvre de Martin Méroy.
Sortie nationale : 14 novembre 1979.
Avec Jean-Pierre Cassel (Paul Briand), Michel Galabru (Nathan Farijacque), Michel Duchaussoy (François Lestin), Denis Manuel (le directeur du casino), Claire Maurier (Muriel Farijacque)...

T'es heureuse ? Moi, toujours !
Réalisateur : Jean Marbœuf
Scénario et dialogues : Jean Marbœuf.
Sortie nationale : 23 février 1983.
Avec Denis Manuel (l'instituteur), Dominique Labourier (Elle), Claude Brasseur (le clown), Michel Galabru (le patron du bistrot), Guy Marchand (le danseur)...

Grand Guignol
Réalisateur : Jean Marbœuf.
Scénario et dialogues : Jean Marbœuf.
Sortie nationale : 25 février 1987.
Avec Guy Marchand (Baptiste), Caroline Cellier (Sarah), Jean-Claude Brialy (monsieur Albert), Michel Galabru (Charlie), Marie Dubois (Germaine)...

Le Chasseur de chez Maxim's
Réalisateur : Claude Vital.
Scénario et dialogues : Claude Vital, d'après l'œuvre d'Yves Mirande et Gustave Quinson.
Sortie nationale : 15 décembre 1976.
Avec Michel Galabru (monsieur Julien), Francis Perrin (Octave), Daniel Ceccaldi (Du Velin), Jean Lefebvre (le chanoine), Claude Gensac (Germaine), Sabine Azéma (Geneviève), Gérard Jugnot (le comte)...
Résumé. – Monsieur Julien officie chez Maxim's au poste de chasseur, côtoyant les riches clients de l'établissement. À son épouse, il a caché la vérité, mentant sur sa profession. Lorsqu'il décide de prendre sa retraite, son patron menace de tout révéler à sa femme.

Le Maestro
Réalisateur : Claude Vital.
Scénario et dialogues : Claude Vital et Jean Halain, d'après l'œuvre de Robert de Flers et Francis de Croisset.
Sortie nationale : 22 juin 1977.
Avec Jean Lefebvre (Henri), Daniel Ceccaldi (Hubert), Caroline Cartier (Gisèle), Sophie Desmarets (madame Bourgeon), Michel Galabru (de Morgeaux), Geneviève Grad (Corinne)…

Une merveilleuse journée
Réalisateur : Claude Vital.
Scénario et dialogues : Claude Vital, d'après l'œuvre d'Yves Mirande, Gustave Quinson et Georges Lerec.
Sortie nationale : 12 novembre 1980.
Avec Michel Galabru (Pinède), Daniel Ceccaldi (Felloux), Stéphane Hillel (Blaise), Bernadette Lafont (la pharmacienne), Patrick Préjean (Octave), Paul Préboist (le docteur)…

« Le génie de Bertrand Tavernier est d'avoir trouvé dans le ringard des *Gendarme* son assassin »

Le Juge et l'Assassin et Bertrand Tavernier (1976)

Avec Bertrand Tavernier, tout a commencé par un coup de téléphone pour *L'Horloger de Saint-Paul*. J'avais décliné sa proposition en raison de mon engagement à La Michodière dans *La Claque*. J'en étais malade, car cet homme cultivé avait déjà une très bonne réputation. Si nous ne nous connaissions pas vraiment, je savais que derrière ce cinéaste se dissimulait un fouilleur, du genre à dégoter un acteur dans un petit cabaret en pleine nuit. Pour une fois que quelqu'un de convenable s'intéressait à mon travail ! Tavernier m'a rappelé pour chacun de ses projets, jusqu'au *Juge et l'Assassin*. Il m'a même prévenu un an à l'avance. Dès lors, j'ai refusé tout le reste pour être sûr d'être disponible au moment du tournage. Il a d'ailleurs fallu que je me retienne, parce que j'en ai vu passer, des conneries, pendant ce laps de temps. Je n'ai pas joué au con sur ce coup-là !

J'avais cependant déjà signé pour une comédie épouvantable, au titre annonciateur : *Le Trouble-fesses.* Je me revois à la caisse d'un cinéma sur les Champs-Élysées. Nous faisions la queue pour voir un autre film, et les gens attendaient d'entrer pour *Le Trouble-fesses.* Je me dissimulais pour que personne ne me reconnaisse…

Pendant l'année qui a précédé le tournage du *Juge et l'Assassin*, Tavernier m'a envoyé des documents, ses recherches sur mon personnage, des témoignages… Personnellement, je ne savais pas trop comment me préparer pour ce rôle. Tavernier semblait au contraire si sûr de lui ! J'étais du reste persuadé qu'il allait changer d'avis avant le début des prises. Il allait bien se rendre compte, tôt ou tard, que je n'étais pas l'homme de la situation. J'ai même été très honnête avec lui et m'en suis inquiété :

« Excusez-moi, mais je ne veux pas vous faire faire une faute. Je crois que je ne suis pas le personnage. Je vois plutôt Dufilho. »

Il n'a fort heureusement pas changé d'avis et la production a démarré avec Philippe Noiret, Jean-Claude Brialy, Isabelle Huppert et Yves Robert.

Nous avons tourné sur les lieux mêmes où ce fou de Bouvier avait vécu. Au fil de notre route, nous avons rencontré des gens qui l'avaient connu, notamment une femme qui nous a confié ses souvenirs, évoquant sa sœur violée par cet homme. Une autre l'avait vu alors qu'elle n'était qu'une enfant, demandant du lait à sa mère…

Le Juge et l'Assassin doit tout à Tavernier. Il a su apporter un mystère, instaurer un climat autour de cet assassin et de ses crimes. Il m'a offert mon plus beau rôle. Après la sortie, la meilleure critique a été : « Le génie de Bertrand Tavernier est d'avoir trouvé dans le ringard des *Gendarme* son assassin. » Ce fou m'a conduit jusqu'au césar du meilleur acteur.

Le Juge et l'Assassin
Réalisateur : Bertrand Tavernier.
Scénario et dialogues : Jean Aurenche et Bertrand Tavernier.
Sortie nationale : 10 mars 1976.
Avec Philippe Noiret (le juge Rousseau), Michel Galabru (Joseph Bouvier), Isabelle Huppert (Rose), Jean-Claude Brialy (le procureur de Villedieu), Renée Faure (madame Rousseau), Yves Robert (le professeur Degueldre)...
Résumé. – À la fin du XIXe siècle, le face-à-face entre le juge Rousseau et l'assassin Joseph Bouvier.

Le Trouble-fesses
Réalisateur : Raoul Foulon.
Scénario et dialogues : Raoul Foulon.
Sortie nationale : 29 septembre 1976.
Avec Maurice Risch (Ernesto Capoli), Michel Galabru (Eugène Lajoux), Bernadette Lafont (Dany Lajoux), Alice Sapritch (Marlène), Vittorio Caprioli (Lucky Capoli)...
Résumé. – Surpris au lit avec la fille d'un caïd de la mafia, Ernesto va trouver refuge auprès de son oncle à Paris. Ce dernier le place sous la responsabilité d'Eugène Lajoux, son directeur...

« Alors maintenant, Michel, c'est fini ! Tu ne tournes plus de merdes. Jure-le ! »

Le Grand Fanfaron (1976)

En plein tournage du *Juge et l'Assassin*, Philippe Noiret et Bertrand Tavernier m'ont fait faire une promesse :

« Alors maintenant, Michel, c'est fini ! Tu ne tournes plus de merdes. Jure-le ! »

À peine avais-je prêté serment auprès de mes deux camarades que ma femme m'a annoncé, alors que j'étais remonté dans ma chambre :

« Philippe Clair te propose un film en Inde !

— Ah ! non... Philippe Clair ? Non, non ! dis-je en repensant au *Führer en folie* et à *La Grande Maffia*.

— Réfléchis, Michel... Pour le petit... On fêtera Noël là-bas...

— N'insiste pas. Non et non ! »

Le lendemain, Philippe Clair m'a rappelé pour me faire directement sa proposition. J'ai persisté alors que ma femme renchérissait :

« Il y aura une auto à disposition pour visiter l'Inde avec les enfants. On ne peut pas louper ça, Michel !

— Non, non et non ! »

Et ils ont encore insisté. Alors, j'ai fini par accepter de partir en Inde tourner *Le Grand Fanfaron*. Au-delà de ma gêne vis-à-vis de Noiret et Tavernier, ce film est épouvantable. Il faut néanmoins reconnaître que nous avons séjourné dans les plus beaux palaces et offert un Noël extraordinaire aux garçons. Quand je suis rentré à Paris, Tavernier m'a fait cette remarque très simple :

« C'est beau, l'Inde ! »

Comme dit l'expression, j'ai ensuite remis la main… J'ai enchaîné avec d'autres mauvais films. Dans le désordre, il y a eu *L'Intrépide* ou, dans d'autres genres plus respectables, *Le Chandelier* pour la télévision ou *L'Amour en herbe*.

Le Grand Fanfaron
Réalisateur : Philippe Clair.
Scénario et dialogues : Philippe Clair, Fréha Benzaken et Pierre Pellegri.
Sortie nationale : 16 juin 1976.
Avec Michel Galabru (le lieutenant Gilles Castelet), Claude Melki (Charlie Caponi), Micheline Dax (la colonelle Popoti), Philippe Clair (le chauffeur), Carole Chauvet (Isabelle Popoti)…
Résumé. – Il y a vingt ans, Gilles Castelet a été séduit par l'épouse du colonel Popoti. À l'occasion de ses obsèques, le détaillant en robes de mariée retrouve la colonelle… et les ennuis.

Le Chandelier
Réalisateur : Claude Santelle.
Scénario et dialogues : Claude Santelli, d'après Alfred de Musset.
Diffusion TV : 17 décembre 1977 sur TF1.
Avec Michel Galabru (maître André), Marie-Christine Barrault (Jacqueline), Jean-François Balmer (Clavaroche), Bruno Devoldère (Fortunio).

L'Amour en herbe
Réalisateur : Roger Andrieux.
Scénario et dialogues : Roger Andrieux et Jean-Marie Bénard.
Sortie nationale : 7 septembre 1977.
Avec Michel Galabru (monsieur Morel), Pascal Meynier (Marc Morel), Françoise Prévost (la mère de Martine), Guilhaine Dubos (Martine), Bruno Raffaelli (Christian Morel)...

« Ah bon, tu es nominé ? Mais tu n'es pas sûr de l'avoir, alors ? »

César du meilleur acteur (1977)

Durant l'hiver 1976-1977, lorsque les nominations aux césars ont été rendues officielles, j'ai été sélectionné pour ma prestation pour *Le Juge et l'Assassin*, dans la catégorie du meilleur acteur. Je n'y croyais pas du tout. Il y avait face à moi Alain Delon dans *Monsieur Klein*, Gérard Depardieu pour *La Dernière Femme* et Patrick Dewaere dans *La Meilleure façon de marcher.* Ma femme et moi étions au lit et une scène impensable a débuté, digne d'une comédie burlesque :

« Ah bon, tu es nominé, Michel ? Mais tu n'es pas sûr de l'avoir, alors ?

— Non, non, rien n'est sûr.

— Ah ! Eh bien si ce n'est pas sûr, ce n'est peut-être pas la peine d'y aller. Si j'étais toi, je n'irais pas. »

Il y aurait tant à écrire sur ma première femme… En même temps, je pensais secrètement la même chose. J'avais à l'esprit les images de ces soirées où les caméras zooment sur les visages déconfits des perdants. Pourquoi m'embêter avec cette épreuve ?

Les jours ont passé et, à la veille de la soirée de remise des prix, Georges Cravenne est curieusement venu me trouver sur un plateau de tournage.

« Moi je ne sais rien, mais à votre place, j'irais aux césars, parce que vous avez de fortes chances de l'avoir », m'a-t-il prévenu.

Et le jour est arrivé, en février 1977. Alors que je rentrais du travail, ma femme a recommencé son cirque :

« Alors, tu n'y vas pas ?

— Non, non.

— Eh bien je vais te dire : Delon, lui, il ira. Mais Delon, il en a entre les jambes ! »

Après un silence, elle a ajouté :

« Alors, personne ne va chercher du pain ? »

Elle s'est tournée vers les enfants qui ne bronchaient évidemment pas. Je suis donc redescendu à la boulangerie. En chemin, dans ce quartier de la rue Boissière où nous habitions, j'ai pensé :

« Merde, quand même. Qu'est-ce que ça peut faire si je perds et qu'on me voit à la télévision ? Qu'est-ce que ça veut dire ? »

Alors, j'ai décidé de me rendre aux césars, mais sans l'avouer à ma femme, histoire d'éviter la capitulation ! J'ai donc filé en douce dans la chambre pour mettre mon smoking. Nous étions alors à deux heures du début de la soirée. Ma femme m'a surpris :

« Qu'est-ce que tu fais ? Mais tu y vas ?

— Oui.

— Ah ! j'en étais sûre ! Alors, tu fais tout ça exprès pour que je n'aie pas le temps de me préparer ! Eh bien, tu vas m'attendre, parce qu'il faut que je m'habille et que je me coiffe. »

Évidemment, j'étais déjà prêt, à la seule exception de mon nœud papillon impossible à ajuster. Naturellement, ma femme a pris tout son temps pour se pomponner, tout juste si elle n'est pas allée chez le coiffeur ! En définitive, nous sommes arrivés au dernier moment, lorsque les lumières se sont éteintes, au point de déranger Serge Gainsbourg pour nous asseoir. Il m'a jeté un de ces regards noirs…

La soirée s'est déroulée normalement jusqu'au moment tant attendu de ma catégorie. Et brusquement, j'ai entendu mon nom.

« Le césar du meilleur acteur est attribué à Michel Galabru. »

Je me suis levé en me disant que ce foutu nœud papillon devait encore être de travers. À côté de moi, ma femme affichait la mine d'une reine, nullement étonnée par la situation… Le temps m'a semblé comme suspendu. Je suis monté sur scène avec le sourire du cabot. Quelqu'un m'a tendu mon césar et j'ai oublié de dire un mot. L'étonnement fut, je crois, général. Avec le recul, je ne le regrette pas tellement, même si ce geste complètement involontaire aurait pu être mal interprété en son temps. Depuis, ce césar a été subtilisé par ma femme et je ne l'ai plus jamais revu !

« Choisis un sujet et je le tournerai avec toi ! »

Portrait de groupe avec dame et Romy Schneider (1977)

Le Juge et l'Assassin m'a fort heureusement ouvert des horizons différents de ceux des navets auxquels j'étais abonné. Je suis notamment allé à Berlin pour jouer aux côtés de Romy Schneider et de l'Américain Brad Dourif dans *Portrait de groupe avec dame.* Ce film historique et difficile a été tourné par un grand réalisateur yougoslave, Aleksandar Petrović, d'après un auteur allemand de renom, Heinrich Böll. De Romy Schneider, je conserve l'image d'une femme à la fois forte et fragile, très complexe, voire multiple. Elle pouvait paraître très douce, et la seconde suivante vous jeter ce regard si dur qui la caractérisait. Par moments, vous n'aviez pas intérêt à plaisanter avec elle, surtout si vous étiez un homme. Sur le tournage, certains l'avaient même surnommée « la Schleue » !

Cette production internationale a été présentée en sélection officielle du Festival de Cannes. À la soirée de gala, Romy Schneider n'a pas voulu monter les marches du palais sans que je sois à ses côtés. J'ai bien sûr hésité dans un premier temps, mais elle y tenait sincèrement. À la fin de la projection, alors que je pensais repartir tout seul pour ne pas l'embêter, elle m'a cherché partout. Nous sommes ensuite allés dîner et elle m'a proposé, à mon grand étonnement :

« Choisis un sujet et je le tournerai avec toi ! »

Alors, j'ai cherché et j'ai trouvé un roman dont l'action avait lieu pendant la guerre. Le seul personnage qui pouvait me correspondre n'était pas bien étoffé, mais Romy Schneider aurait eu un très bon rôle, celui d'une fille dans le Berlin des années 1940. L'action centrale se déroulait dans un hôtel où les aviateurs achevaient leurs journées. Là, un général tombait fou amoureux de la fille interprétée par Romy Schneider et lui demandait de venir dans sa chambre, sinon il se suiciderait. Elle n'y allait évidemment pas, et le drame se nouait… Malheureusement, Romy a eu des soucis personnels épouvantables et ce projet ne s'est jamais concrétisé.

De retour à Paris, j'ai tourné avec un autre réalisateur étranger, américain cette fois-ci, Bob Swaim. Daniel Auteuil a un tout petit rôle dans *La Nuit de Saint-Germain-des-Prés*. Comme ma femme l'avait fait au sujet de Belmondo et de Depardieu quelques années plus tôt, je me suis dit en le voyant qu'il irait sans doute très loin. À mon tour, je ne me suis pas trompé. Ce polar ne m'intéressait pas vraiment, comme tous les films policiers en général, du reste. Dans un autre genre, Alain Cayatte m'a fait tourner *L'Amour en question* dans la foulée. S'il n'est pas facile de juger un homme sur trois jours de présence, nous n'avons pas eu des rapports tendres. Souvenirs pénibles.

Portrait de groupe avec dame
Réalisateur : Aleksandar Petrović.
Scénario et dialogues : Aleksandar Petrović, d'après l'œuvre de Heinrich Böll.
Sortie nationale : 25 mai 1977.
Avec Romy Schneider (Leni Gruyten), Brad Dourif (Boris Koltovski), Michel Galabru (Walter Pelzer), Rudiger Vogler (Boldig)...
Résumé. – La vie de Leni Gruyten, dans l'Allemagne de 1936 à nos jours, du nazisme à l'après-guerre.

La Nuit de Saint-Germain-des-Prés
Réalisateur : Bob Swaim.
Scénario et dialogues : Alain Petit, Robert Réa et Bob Swaim, d'après l'œuvre de Léo Malet.
Sortie nationale : 1er juin 1977.
Avec Michel Galabru (Nestor Burma), Chantal Dupuy (Taxi), Mort Schuman (Germain Saint-Germain), Annick Alane (Hélène), Daniel Auteuil (Rémy)...
Commentaire. – Après Michel Galabru, le rôle de Nestor Burma a été repris par Michel Serrault, Gérard Desarthe et Guy Marchand.

L'Amour en question
Réalisateur : André Cayatte.
Scénario et dialogues : André Cayette et Jean Laborde.
Sortie nationale : 18 octobre 1978.
Avec Annie Girardot (Suzanne Corbier), Michel Auclair (Philippe Dumais), Bibi Anderson (Catherine Dumais), John Steiner (Tom Hastings), Georges Géret (Lachot), Michel Galabru (le procureur)...

« Si l'argent avait continué à entrer, nous aurions sûrement fait une *Cage aux folles IV* »

La Cage aux folles, Michel Serrault et Ugo Tognazzi (1978)

Mon ami Michel Serrault et Jean Poiret ont interprété un texte de cabaret et rien ne pouvait les remplacer. *La Cage aux folles* au cinéma n'a rien à voir avec la pièce de théâtre que j'ai eu la chance de découvrir au Palais-Royal comme des milliers de spectateurs. Ugo Tognazzi a été engagé à la place de Poiret parce qu'il fallait une vedette italienne pour boucler la production et faire de l'argent en Italie. Était-ce une erreur ? Seuls ceux qui ont vu les deux versions peuvent juger.

Je connaissais un peu Tognazzi, parce que nous avions tourné ensemble la comédie policière italienne *Qui a tué le chat ?* quelques mois plus tôt. Nos rapports n'étaient pas mauvais, jusqu'au tournage de l'une des dernières scènes du scénario. À la fin de *La Cage aux folles*, le script prévoyait que nous nous embrassions... Pour ce faire, l'équipe du maquillage m'avait transformé en femme, essayant de faire au mieux pour me rendre « attrayante ». Ils ont eu du mérite ! Lorsque Tognazzi m'a vu entrer dans le décor, il s'est écrié :

« *Que horror !* »

Notre histoire d'amour n'a pas été plus loin.

Édouard Molinaro assurait la réalisation de l'adaptation au cinéma. Nous avions des rapports corrects sur le tournage, mais je sais qu'il ne m'aimait pas. Il était d'une froideur terrible avec tout le monde, avec un caractère très difficile. Le chef opérateur, un autre Italien, l'a bien compris à ses dépens. Un jour, pris d'une furie soudaine, il s'est mis à pousser des cris. Il n'en finissait pas de vociférer. Devant lui, Molinaro n'a rien dit, pas un seul mot. Quand il s'est calmé, Molinaro a fait comme s'il ne s'était rien passé :

« Allez, enchaînons… Attention. Moteur ! »

Le chef opérateur était scié.

Comme souvent au cinéma, le succès a donné lieu à des suites. Elles n'avaient plus rien à voir du tout avec l'œuvre originale, c'était de pire en pire. De notre point de vue d'acteurs, nous tournions dans de très bonnes conditions, avec les plus beaux hôtels et de très bons cachets. Serrault, Tognazzi ou moi-même ne regardions pas la qualité du scénario. Si l'argent avait continué à entrer, nous aurions sûrement fait une *Cage aux folles IV*. Le pognon était roi. À croire que le troisième épisode n'a sans doute pas rapporté suffisamment.

Qui a tué le chat ?
Réalisateur : Luigi Comencini.
Scénario et dialogues : Rodolfo Sonego et Augusto Caminito.
Sortie nationale : 15 mars 1978.
Avec Ugo Tognazzi (Amedeo Pecoraro), Miriangela Melato (Ofelia Pecoraro), Michel Galabru (le commissaire Francisci), Jean Martin (maître Legrand), Philippe Leroy (Don Pezzola)...

La Cage aux folles
Réalisateur : Édouard Molinaro.
Scénario et dialogues : Francis Veber, Marcello Danon et Édouard Molinaro, d'après l'œuvre de Jean Poiret.
Sortie nationale : 25 octobre 1978.
Avec Michel Serrault (Albin), Ugo Tognazzi (Renato), Rémi Laurent (Laurent), Michel Galabru (Charrier), Bennie Luke (Jacob)...
Résumé. – Renato est le propriétaire de La Cage aux folles, un cabaret de Saint-Tropez, dont la vedette est son compagnon, Albin, dit « Zaza Napoli ». Le fils de Renato espère se marier avec la fille du député Charrier, membre d'un parti conservateur.

La Cage aux folles II
Réalisateur : Édouard Molinaro.
Scénario et dialogues : Francis Veber, Jean Poiret et Marcello Danon.
Sortie nationale : 10 décembre 1980.
Avec Michel Serrault (Albin), Ugo Tognazzi (Renato), Michel Galabru (Charrier), Benny Luke (Jacob), Marcel Bozzuffi (Broca)...

La Cage aux folles III – Elles se marient

Réalisateur : Georges Lautner.

Scénario et dialogues : Michel Audiard, Christine Carère, Marcello Danon, Gérard Lamballe, Philippe Nicaud et Georges Lautner.

Sortie nationale : 10 décembre 1980.

Avec Michel Serrault (Albin), Ugo Tognazzi (Renato), Michel Galabru (Charrier), Benny Luke (Jacob), Antonella Interlenghi (Cindy)…

« Le Danieli paraissait sinistre, à foutre le cafard à un œuf dur »

Flic ou voyou, Le Guignolo et Jean-Paul Belmondo

À la fin des années 1970, Jean-Paul Belmondo était déjà une vedette nationale. Des années après nos tournées dans les patronages et nos premières télévisions, il n'avait pas changé. Nous avons été réunis à deux reprises devant la caméra de Georges Lautner, dans *Flic ou voyou*, sur lequel j'ai eu autant de plaisir à retrouver Georges Géret, et *Le Guignolo*, où nous avons pris la direction de Venise.

La cité des Doges en hiver... Un bourdon terrible ! Comme aux États-Unis avec la troupe du *Gendarme à New York*, toute l'équipe avait le moral à zéro. Certains se disaient même au bord du suicide ! Les maisons et le ciel restaient gris toute la journée. Le Danieli était sinistre, à foutre le cafard à un œuf dur. Tout le monde est devenu dépressif, à l'exception notable de Belmondo, bien sûr, qui passait ses journées avec une superbe Italienne...

Ce *Guignolo* a plus particulièrement marqué les spectateurs grâce à la cascade assez extraordinaire de Belmondo, attaché à un hélicoptère au-dessus du grand canal. Pendant le tournage, nous admirions son courage en le distinguant dans le ciel de Venise. En même temps, ce morceau de bravoure ne doit rien à ses talents d'acteur. Il y a deux métiers bien distincts : le comédien d'un côté et le cascadeur de l'autre. Personnellement, je n'ai jamais imaginé risquer ma vie pour un film.

Quoiqu'il ne faille jamais dire jamais, puisque la conjoncture peut parfois vous pousser jusqu'à l'extrême. La même année, au moment de signer mon contrat pour *Celles qu'on n'a pas eues*, avec Pascal Thomas qui m'avait déjà fait tourner dans *Confidences pour confidences*, la production m'avait prévenu qu'il faudrait que je monte à cheval. Honnête jusqu'au bout des ongles, je les avais avertis que je ne l'avais jamais fait – à part sur un âne !

« Ne vous inquiétez pas... Vous aurez un vieux cheval. On s'arrangera », m'a-t-on promis.

Par précaution, j'avais quand même décidé de prendre plusieurs leçons d'équitation. Bien m'en a pris. Au moment du tournage, le réalisateur m'a demandé de véritables cascades ! La scène ressemblait pratiquement à du western. Il s'agissait de sortir d'une baraque, de sauter sur un cheval et de partir au galop.

Sur le plateau, l'une des comédiennes, en pleurs, tremblait de peur. Mes copains qui n'avaient pas pris de cours étaient tous minables. Moi, j'ai surtout repensé au premier conseil de ma monitrice :

« Pour monter à cheval, n'oubliez jamais de l'attraper par la crinière. »

Je n'ai mis qu'une seconde pour constater avec stupéfaction que tous les chevaux avaient été rasés ! Je suis quand même parvenu à me mettre en selle, mais j'ai glissé après quelques mètres et je suis tombé. Heureusement, mes années de footballeur et de gardien de but n'étaient pas si loin. D'un réflexe, j'ai plongé et atterri dans les broussailles. L'équipe a eu très peur, mais je ne me suis pas fait mal. Depuis, ils ont baptisé ce carrefour « Michel Galabru ».

Confidences pour confidences
Réalisateur : Pascal Thomas.
Scénario et dialogues : Jacques Lourcel et Pascal Thomas.
Sortie nationale : 3 janvier 1979.
Avec Louba Guertchikoff (grand-mère Roussel), Daniel Ceccaldi (Émile Roussel), Henri Crémieux (grand-père Roussel), Michel Galabru (cousin Gabriel), Élisa Servier (Florence)…

Flic ou voyou
Réalisateur : Georges Lautner.
Scénario et dialogues : Jean Herman, d'après le roman de Michel Grisola.
Sortie nationale : 28 mars 1979.
Avec Jean-Paul Belmondo (Stan Borowitz), Marie Laforêt (Edmonde Puget-Rostand), Georges Géret (Théodore Musard), Michel Galabru (le commissaire Grimaud), Claude Brosset (Achille Volfoni)…

Le Guignolo
Réalisateur : Georges Lautner.
Scénario et dialogues : Jean Herman et Michel Audiard.
Sortie nationale : 26 mars 1980.
Avec Jean-Paul Belmondo (Alexandre), Pierre Vernier (Helmut), Michel Galabru (Achille), Georges Géret (le commandant Joseph), Henri Guybet (Machavoine)...

Celles qu'on n'a pas eues
Réalisateur : Pascal Thomas.
Scénario et dialogues : Jacques Lourcelles.
Sortie nationale : 25 février 1981.
Avec Michel Aumont (Francis), Michel Galabru (Émile Loubignac), Daniel Ceccaldi (Guillaume), Bernard Menez (Robert), Sophie Grimaldi (Lucie), Anouk Ferjac (la morte)...

« Vous faites erreur. J'adore le cigare »

Le Mors aux dents (1979)

Comme je l'ai déjà beaucoup répété, la plupart de mes rôles ne m'ont pas laissé un souvenir impérissable. Du *Mors aux dents* de Laurent Heynemann, il ne me reste pratiquement rien non plus, à l'exception notable de ma collaboration avec Jacques Dutronc. Le premier jour, je me suis comporté envers lui comme une midinette face à une vedette de la chanson. Heureusement, nous avons rapidement brisé la glace grâce à notre goût commun pour le cigare. La scène que nous tournions était filmée à l'intérieur d'une voiture. Lui conduisait et moi j'étais installé du côté du passager. Entre les prises, Dutronc fumait son énorme cigare en tentant de dissiper la fumée qui arrivait à mes narines avec sa petite main. Je l'ai rassuré :

« Vous faites erreur. J'adore le cigare. »

Il a eu la gentillesse de m'en offrir un. Et nous voilà avec deux gros machins entre les lèvres comme des bienheureux !

Sur le plateau, j'avais vaguement compris quand même que ce *Mors aux dents* devait se dérouler dans l'univers des chevaux, dans un autre genre que *Les Gros Malins*, une énième connerie que j'avais tournée à la fin des années 1960. Par le passé, j'avais eu moi-même une expérience assez particulière des champs de courses.

À l'époque des *Mordus*, j'ai beaucoup fréquenté Daniel Cauchy. Le hasard nous avait réunis pour ce film insignifiant de 1960 tout à la gloire de Sacha Distel. Très vite, j'ai découvert que Cauchy jouait beaucoup, que ce soit au bridge, aux chevaux, à la roulette ou au poker. Il avait mis Blier au tapis ! Ce type me fascinait d'autant plus qu'il était tout l'inverse de moi : non seulement joueur, mais aussi dragueur, culotté et astucieux. Il a eu la gentillesse de m'inviter chez lui pour m'expliquer quelques rudiments. En arrivant, j'ai découvert un appartement moderne, voire luxueux, et surtout une gouvernante qui s'occupait de ses enfants. Je me suis étonné de ce train de vie, tout en songeant à mes cachets et aux rôles que lui tenait. Nul doute que je travaillais plus que lui, et pourtant il avait manifestement beaucoup plus de moyens que moi… Il m'a alors fait remarquer :

« Oui, Michel, mais je joue… »

J'ai donc demandé à voir ! Il m'a emmené à l'hippodrome sans trop attendre. Sur place, tandis que je me dirigeais naturellement vers les tribunes populaires, il nous a installés directement dans celles d'honneur, avant de me laisser subitement en plan :

« Tu ne bouges pas. Quand le moment sera venu de miser, je viendrai te chercher. »

Les courses se sont enchaînées... Cauchy passait son temps à discuter avec d'autres types, et moi je l'attendais. Brusquement, il est revenu vers moi et m'a lancé :

« Donne-moi cent balles ! Donne-moi cent balles ! »

La tribune s'est agitée tout d'un coup et la course sur laquelle j'avais misé a démarré. Soudain, les chevaux ont refusé de passer l'un des obstacles. Tous sauf deux, dont le nôtre. Cauchy s'est tourné vers moi :

« Tu peux descendre chercher ton pognon Michel, l'autre cheval est une merde. »

Or – je m'en souviendrai toujours – la merde a gagné. À peine avait-il franchi la ligne d'arrivée que les parieurs se sont engueulés jusque sur la pelouse. Depuis cet épisode, je n'ai plus revu Cauchy... Nous avions pourtant eu ensemble des projets de cabaret.

Les Mordus
Réalisateur : René Jolivet.
Scénario et dialogues : René Jolivet et Lise Bodart.
Sortie nationale : 22 juin 1960.
Avec Sacha Distel (Jean-Pierre), Bernadette Lafont (Mado), Danik Patisson (Françoise), René Dary (le brigadier de gendarmerie), Michel Galabru (Fred), Daniel Cauchy (Mosco)...

Les Gros Malins (ou Le Champion du tiercé)
Réalisateur : Raymond Leboursier.
Scénario et dialogues : Jacques Emmanuel.
Sortie nationale : 14 mai 1969.
Avec Jacques Jouanneau (Paul Blanc), Henri Génès (de Vergèze), Francis Blanche (Francis Bertolde), Michel Galabru (le curé), Robert Manuel (le ministre), Jacques Santi (Alex)...

Le Mors aux dents
Réalisateur : Laurent Heynemann.
Scénario et dialogues : Claude Veillot, Pierre Fabre et Laurent Heynemann.
Sortie nationale : 1er septembre 1979.
Avec Jacques Dutronc (Loïc Le Guenn), Michel Piccoli (Pierre Chazerand), Michel Galabru (Charles Dréant), Jean-Pierre Sentier (Paul Ramoz), Roland Blanche (Aristote Vassiliadès)...
Résumé. – Pierre Chazerand a inventé une technique pour gagner au tiercé. Interdit de séjour dans les hippodromes, il continue à miser par personne interposée. Charles Dréant, proche de la pègre, entend truquer la course du « Lion de Belfort ».
Commentaire. – L'histoire est inspirée du scandale du prix Bride abattue de 1973.

« Si monsieur de Funès vous voyait ! »

Une semaine de vacances (1980)

Quatre ans après *Le Juge et l'Assassin*, Bertrand Tavernier m'a offert un autre rôle très intéressant avec *Une semaine de vacances*. Entre-temps, j'avais encore multiplié les films médiocres, sans intérêt pour les uns et bien mineurs pour les autres, comme *Ciao les mecs*, *Chaussette surprise*, *Le Pion*, *Laisse-moi rêver*, *Le Gagnant*, *Duos sur canapé*, *Tout dépend des filles*, *Le Cerveau du super-gang* et *Le Vol d'Icare* pour la télévision… Il y en a même un qui s'intitule *Arrête de ramer, t'attaques la falaise*. Malgré ma fainéantise, je jure n'avoir jamais signé pour un film avec un titre aussi con. En m'arrêtant au rayon vidéo d'un supermarché, j'ai découvert la cassette et je ne savais même pas de quoi il s'agissait ! Là encore, la distribution n'était pas inintéressante, avec des comédiens de talent comme Daniel Gélin et Bernadette Lafont. Eux non plus ne roulaient pas sur l'or. Ils ne tournaient parfois qu'un seul film par an, au mieux deux. Nous étions livrés à nous-mêmes dans cette histoire vaguement inspirée du *Cid*…

J'avais aussi partagé l'affiche avec mon ami Jean Carmet dans *Le beaujolais nouveau est arrivé*. Avant d'en revenir à

Tavernier, je m'autorise une parenthèse à son sujet. Jean Carmet avait un immense talent et une poésie toute personnelle. Il me faisait surtout énormément rire. Il était par exemple capable de vous emmener voir un spectacle du mime Marceau et de crier en pleine représentation :

« Plus fort ! »

Carmet m'avait aussi raconté une anecdote qui révélait bien sa gentillesse et sa personnalité. Il avait accepté un jour de suivre un chauffeur de taxi jusque chez lui simplement pour qu'il puisse prouver à sa femme qu'il avait transporté une personnalité ! Carmet s'est donc retrouvé en pleine soirée dans la banlieue chez des inconnus. L'étonnement passé entre le seuil de la porte et la cuisine, il a compris très vite qu'il devait repartir, mais sans le taxi ! Carmet est donc rentré par ses propres moyens, tout seul…

Pour en revenir à *Une semaine de vacances*, Tavernier a su m'obliger à me dévoiler un peu plus devant la caméra. Suivant les films, les acteurs utilisent plus ou moins leur histoire personnelle pour chercher la meilleure interprétation. Peu de rôles dans ma carrière ont exigé de moi une introspection aussi intensive ! Dans celui-ci, j'interprétais le père d'un cancre face à Nathalie Baye et Philippe Noiret. La situation ravivait chez moi les souvenirs de ma propre jeunesse. Le film contient d'ailleurs une scène de dîner, presque totalement improvisée, où je tombe carrément le masque. Mes partenaires et moi racontons nos propres histoires personnelles les uns aux autres. Avec Noiret, il y avait même une espèce de rivalité joyeuse qui se ressent à l'image parce que chacun voulait en dire toujours un peu plus que l'autre.

À Lyon, à la fin de ma semaine de tournage, j'ai voulu remercier Bertrand Tavernier pour cette expérience en l'invitant à dîner dans un bouchon avant mon départ, avec quelques personnalités de notre équipe. Vers 2 heures du matin, Glenn, le chef opérateur, m'a demandé :

« Prête-moi ta voiture, Michel ! »

Je lui ai donné mes clés sans broncher. Quelle erreur ! Glenn a foncé comme un fou dans les rues désertes de Lyon sans que personne ne comprenne ce qui lui prenait. Brusquement, nous avons entendu siffler. La police était derrière nous… Nous nous sommes arrêtés sur le bord de la route. Tavernier m'a alors murmuré à l'oreille :

« À toi de jouer, Michel. »

Il faisait bien sûr référence à l'adjudant Gerber…

« T'es marrant toi. J'ai l'air d'un con ! », ai-je dit.

J'ai abaissé la vitre de la voiture et salué le brigadier. Il nous a regardés lentement avant de lâcher :

« Si monsieur de Funès vous voyait ! »

Et là, Tavernier est parti dans un éclat de rire extraordinaire. Non seulement nous n'avons pas eu d'amende, mais la police nous a escortés jusqu'à notre hôtel !

De mon passé de cancre, j'ai fait un one-man-show. Les mauvais élèves et les souvenirs de lycée ont toujours fait rire : en témoignent *Les Sous-doués*, auquel j'ai participé rapidement. À partir de ce succès populaire, les producteurs se sont encore une fois frotté les mains et ont livré d'autres pochades inutiles comme *Le bahut va craquer* et *Les Diplômés du dernier rang*. Plus tard, j'ai porté la blouse du maître d'école dans *Les Clefs de bagnole* de Baffie, avant de monter en grade et finir ministre dans *Le Petit Nicolas* !

Le beaujolais nouveau est arrivé
Réalisateur : Jean-Luc Voulfow.
Scénario et dialogues : Jean-Luc Voulfow et Marco Pico, d'après le roman de René Fallet.
Sortie nationale 26 avril 1978.
Avec Jean Carmet (Camadule), Michel Galabru (le capitaine), Pierre Mondy (Georges), Rabah Loucif (Kamel), Pascale Roberts (la femme de Georges)...

Chaussette surprise
Réalisateur : Jean-François Davy.
Scénario et dialogues : Jean-François Davy et Jean-Claude Carrière.
Sortie nationale : 14 juin 1978.
Avec Bernadette Lafont (Bernadette), Michel Galabru (l'homme de la télé), Anna Karina (Nathalie), Christine Pascal (Juliette), Bernard Haller (Bernard), Rufus (Antoine), Bernard Le Coq (Raphaël)...

Le Pion
Réalisateur : Christian Gion.
Scénario et dialogues : Christian Gion.
Avec Henri Guybet (Bertrand Barabi), Claude Jade (Dominique Benech), Claude Piéplu (le censeur), Michel Galabru (l'inspecteur d'Académie), Bernard Musson (Boucignac)...
Sortie nationale : 25 octobre 1978.

Ciao les mecs
Réalisateur : Sergio Gobbi.
Scénario et dialogues : Enrico Oldoini et Sergio Gobbi.
Sortie nationale : 27 juin 1979.
Avec Gérard Hérold (Roberto), Charles Aznavour (l'amnésique), Jean Piat (l'avocat), Michel Galabru (le paysan), Daniel Russo (Mario), Roland Dubillard (le médecin)...

Laisse-moi rêver
Réalisateur : Robert Ménégoz.
Scénario et dialogues : Robert Ménégoz et Claude Jaeger.
Sortie nationale : 12 septembre 1979.
Avec Michel Galabru (Charles), Myriam Boyer (Françoise), Patrick Chesnais (Paul Marchois), Henri Courseaux (Pierrot), Roger Mirmont (Bob)...

Duos sur canapé
Réalisateur : Marc Camoletti.
Scénario et dialogues : Marc Camoletti.
Sortie nationale : 7 novembre 1979.
Avec Michel Galabru (Bernard), Marina Vlady (Jacqueline), Jean Lefebvre (Victor), Lorraine Bracco (Bubbie), Bernard Menez (Robert Burton)...

Le Gagnant
Réalisateur : Christian Gion.
Scénario et dialogues : Christian Gion.
Sortie nationale : 28 novembre 1979.
Avec Philippe Ruggieri (Laurent Lamaison), Odile Michel (Dominique Dupré-Granval), Stéphane Audran (Hélène Dupré-Granval), Michel Galabru (Dupré-Granval), Henri Guybet (Thierry Denoël)...

Arrête de ramer, t'attaques la falaise !
Réalisateur : Michel Caputo.
Scénario et dialogues : Michel Caputo, d'après *Le Cid* de Corneille.
Sortie nationale : 19 décembre 1979.
Avec Bernadette Lafont (Chimène), Patrick Messe (Rodrigue), Michel Galabru (le colonel Don Fernand), Daniel Gélin (le colonel Don Gomez), Bernard Haller (le prêtre), Micha Bayard (Elvire)...
Commentaire. – L'autre titre du film est *Qu'il est joli garçon l'assassin de papa.*

Tout dépend des filles
Réalisateur : Pierre Fabre.
Scénario et dialogues : Pierre Fabre.
Sortie nationale : 13 février 1980.
Avec Jean-Paul Sentier (Mathieu), Jean-Luc Bideau (Jean-Luc), Christine Murillo (Céline), Tonie Marshall (Anna), Michel Galabru (Lucien), Micheline Presle (Betty)...

Le Cerveau du super-gang
Réalisateur : Wigbert Wicker.
Scénario et dialogues : Hans Drawe et Wigbert Wicker.
Sortie nationale : 1980.
Avec Ivan Desny (le consul Barnet), Hans Beerhenke (Aichinger), Anny Duperey (Claudia Klessing), Michel Galabru (Mario), Eddie Constantine (l'inspecteur Laroux)...
Commentaire. – Il s'agit d'un film allemand, dont le titre original est *Car Napping*, produit par Hans Prescher.

Une semaine de vacances
Réalisateur : Bertrand Tavernier.
Scénario et dialogues : Bertrand Tavernier, Colo Tavernier et Marie-Françoise Hans.
Sortie nationale : 2 juin 1980.
Avec Nathalie Baye (Laurence), Gérard Lanvin (Pierre), Philippe Noiret (Michel Descombes), Michel Galabru (Mancheron), Flore Fitzgerald (Anne), Jean Dasté (le père de Laurence)...
Résumé. – Hiver 1980. Laurence n'a plus la force de se présenter face à ses élèves. La professeur de français s'interroge sur sa mission. Son médecin lui prescrit une semaine de vacances.

Le Vol d'Icare
Réalisateur : Daniel Ceccaldi.
Scénario et dialogues : Daniel Ceccaldi, d'après l'œuvre de Raymond Queneau.
Diffusion TV : 22 novembre 1980 sur TF1.
Avec Michel Galabru (Morcol), Caroline Cellier (Adeline), Henri Garcin (Hubert Lubert), Évelyne Buyle (L.N.), Roger Carel (Surget)...

Les Sous-doués
Réalisateur : Claude Zidi.
Scénario et dialogues : Didier Kaminka et Claude Zidi.
Sortie nationale : 30 avril 1980.
Avec Maria Pacôme (Lucie Jumaucourt), Hubert Deschamps (Léon Jumaucourt), Daniel Auteuil (Bébel), Tonie Marshall (Catherine Jumaucourt), Michel Galabru (le commissaire Grosset), Raymond Bussières (Gaston)...

Le bahut va craquer
Réalisateur : Michel Nerval.
Scénario et dialogues : Michel Nerval.
Sortie nationale : 13 mai 1981.
Avec Michel Galabru (le proviseur), Claude Jade (la prof de philo), Darry Cowl (le prof de maths), Fanny Meunier (Béa), Robert Castel (le prof d'anglais), Henri Guybet (le pion), Katia Tchenko (la sœur de Francis)...

Les Diplômés du dernier rang
Réalisateur : Christian Gion.
Scénario et dialogues : Christian Gion.
Sortie nationale : 18 août 1982.
Avec Michel Galabru (Marcel), Marie Laforêt (Dominique), Patrick Bruel (Philippe), Philippe Manesse (Robert), Henri Guybet (l'avocat)...

Les Clefs de bagnole
Réalisateur : Laurent Baffie.
Scénario et dialogues : Laurent Baffie.
Sortie nationale : 10 décembre 2003.
Avec Laurent Baffie (lui-même), Daniel Russo (lui-même), Pascal Sellem (le barman), Alain Chabat (le vendeur de chiens), Michel Galabru (l'instituteur).

Le Petit Nicolas
Réalisateur : Laurent Tirard.
Scénario et dialogues : Laurent Tirard, Grégoire Vigneron et Anne Goscinny, d'après l'œuvre de Sempé et René Goscinny.

Sortie nationale : 30 septembre 2009.
Avec Maxime Godart (Nicolas), Kad Merad (son père), Valérie Lemercier (sa mère), Sandrine Kiberlain (l'institutrice), Michel Galabru (le ministre)…

Le Cancre
Auteurs : Michel Galabru et Éric Raynaud-Fourton.
Metteur en scène : Michel Galabru et Éric Raynaud-Fourton.
Création : 11 février 2015 au théâtre Montmartre-Galabru.
Avec Michel Galabru et la voix de Thomas Chabrol.
Résumé. – En 2004, Michel Galabru a présenté son premier « seul en scène » au théâtre Marigny. Son titre ? « On nous a menti ! »

« Tu as connu New York, mais tu vas découvrir l'Amérique des grands espaces et Hollywood... »

Je suis photogénique et Dino Risi (1980)

Les films italiens d'autrefois avaient un charme particulier. Malheureusement, leur cinéma s'est éteint peu à peu... Pourquoi ? Personne ne le sait vraiment. Mon premier tournage en Italie a eu lieu pour un sketch oubliable dans *Les Motorisées*. Je suis parti avec Pierre Doris pour tourner cette connerie noire en trois jours. Dès le vol, nous étions pleins de joie, et mon camarade y a été pour beaucoup, ne ratant jamais un bon mot. Pour ma part, j'aimais déjà la façon dont parlaient les Italiens, leur manière de vivre. J'ai depuis toujours une passion pour leur théâtre, notamment les textes de Goldoni ou de Filippo, pour ne citer qu'eux.

Vers la fin de la Seconde Guerre, j'avais été emprisonné en Italie, à Trieste. Dans la cellule, les prisonniers attendaient tous un débarquement imminent... À six coups de sirène, c'était le signal ! Je les revois encore compter dans l'espoir… À mon arrivée, ils s'étaient tous tournés vers moi :

« Italienne ? Boulgare ? Francese ? »

Et moi de répondre :

« Français.

— Franceeeese ! » avaient-ils crié.

Au quotidien, comme j'avais fait du latin en classe, j'avais compris qu'il fallait mettre de temps en temps un « o » ou un « i » à la fin des mots pour me faire comprendre. Et ma méthode a fort heureusement fonctionné. Là, je me suis fait des amis pittoresques et savoureux. Après la fin de la guerre, j'ai même aidé l'un de ces copains qui voulait faire du théâtre. Il m'a rejoint à Paris, « faire le clown » disait-il. Pour dire bonjour, il levait la main à la manière des fascistes italiens. Je lui ai demandé d'éviter ce genre de geste déplacé. Il m'a répondu :

« Galabrino… Capice ? Oune mode dé camouflage ! »

Dès que j'en ai eu l'occasion, j'ai toujours accepté les tournages en Italie, pour mon plus grand bonheur. Luigi Comencini m'a distribué dans *Qui a tué le chat ?* en 1977 avec Ugo Tognazzi. Le succès du *Juge et l'Assassin* avait traversé les frontières et m'avait offert plusieurs projets internationaux. Le délicieux Comencini parlait un français impeccable, ce qui ne gâchait rien.

« Monsieur Galabru, vous tournez cette scène et vous pouvez repartir pour Paris. »

Il pensait bien faire en s'arrangeant pour que je puisse rentrer plus vite en France. Personnellement, j'étais très bien en Italie !

En 1980, pour les besoins de *Je suis photogénique*, Dino Risi m'a carrément envoyé d'Italie jusqu'à Hollywood dans le rôle d'un producteur. Ce voyage a démarré par une aventure à l'aéroport de New York. Il fallait que je change d'avion pour rejoindre la côte ouest, or j'étais le seul Français de l'équipe du film à partir. Avec mon accent anglais approximatif, je me suis planté au milieu d'un couloir en espérant que quelqu'un me guide jusqu'à la salle d'embarquement.

Enfin rassuré, je me suis assis sur une banquette avant de monter à bord. Je me suis dit alors :

« Tu as connu New York avec la Comédie-Française et *Le Gendarme*, mais maintenant tu vas découvrir l'Amérique des grands espaces et Hollywood… ! »

Devant moi, un homme passait et repassait en me jetant des coups d'œil. Il avait tout du style texan, avec son chapeau vissé sur le crâne et ses bottes. Il me fixait avec de plus en plus d'acuité. Je commençais à m'inquiéter sérieusement :

« Putain, il va me casser la gueule ou quoi ? »

Après un moment, il s'est approché de moi et m'a dit :

« Monsieur, je suis Suisse et je voulais vous dire que je vous ai reconnu. À chaque fois que je viens en Europe, je vous vois à la télévision ou au cinéma ! »

La discussion a démarré entre nous, trop heureux de parler en français. Il m'a averti sur Los Angeles :

« Aucun Français n'est connu à Hollywood.

— Pas même Mireille Mathieu ou Charles Aznavour ?

— Personne. L'époque de Maurice Chevalier et de Charles Boyer est terminée depuis longtemps. »

Et puis, lorsque nous sommes entrés dans l'avion, à peine m'étais-je installé dans mon fauteuil qu'une hôtesse de l'air, américaine, a hurlé en me voyant ! *La Cage aux folles* venait de connaître un certain succès aux États-Unis !

À Los Angeles, la réalité fut plus cruelle. Si personne ne m'a effectivement reconnu, les studios américains n'avaient rien d'extraordinaire du tout. Comme en France, les acteurs s'emmerdaient tous en buvant du Coca. J'ai néanmoins passé plusieurs jours délicieux et très heureux avec Claude, sa sœur et ma fille Emmanuelle qui m'avaient rejoint. Nous avons visité Disneyland qui n'existait pas encore en France. Et le tournage du film de Dino Risi ? Il ne reste pas grand-chose de ce séjour à Hollywood dans le montage final…

Après *La Cage aux folles*, la télévision italienne m'a offert un nouvel aller-retour pour Rome à la fin des années 1980, pour *Una casa a Roma*. Je m'y suis payé le trac de ma vie ! Il fallait que je tourne en anglais, avec un texte sans fin à jouer. J'en ai été malade. La scène a eu lieu au château Saint-Ange, où la vue est magnifique. Je n'en ai pas profité tellement j'avais peur. Cette tirade appartient à mes exploits professionnels. J'ai tout retenu, sans fautes.

Les Motorisées
Réalisateur : Marino Girolami.
Scénario et dialogues : Michel Gast.
Sortie nationale : 27 novembre 1964.
Avec Toto (Cacace), Walter Chiari (Walter), France Anglade (sœur Maria), Michel Galabru (Pompeo Saronno), Pierre Doris (le client), Sophie Desmarets (l'automobiliste)...
Commentaire. – Michel Galabru apparaît dans le segment intitulé « La Roulotte Squillo » du film italien.

Je suis photogénique
Réalisateur : Dino Risi.
Scénario et dialogues : Dino Risi, Marco Risi et Massimo Franciosa.
Sortie nationale : 16 mars 1980.
Avec Renato Pozzetto (Antonio Barozzi), Aldo Maccione (Pedretti), Edwige Fenech (Cinzia), Julien Guiomar (Carlo Simoni), Michel Galabru (le producteur Del Guidice)...
Résumé. – Passionné de cinéma, Antonio Barozzi part à la conquête de Rome pour connaître le succès. Acteur en herbe, ira-t-il jusqu'à Hollywood ?

Una casa a Roma
Réalisateur : Bruno Cortini.
Scénario et dialogues : Giorgio Mariuzzo et Paola Pascolini.
Diffusion TV : 1988.
Avec Valerie Perrine (Julie), Tomas Milian (Fabrizio Oderisi), Daniel Ceccaldi (Valerio), Michel Galabru (le cardinal), Liviana Pozzi (Tilla)...

« Sans domicile, j'ai dormi dans une chambre de bonne »

Les Bidasses aux grandes manœuvres (1981)

Sur l'affiche des *Bidasses aux grandes manœuvres*, mes yeux me trahissent. Je traversais une période épouvantable de ma vie. Ma première femme avait appris l'existence de Claude et de ma fille par le biais d'un détective. Elle m'a craché la vérité à la maison. Complètement ébranlé, je n'ai pas su comment réagir. Elle ne voulait plus que je voie mes enfants. J'ai immédiatement sombré dans une dépression très sérieuse et me suis enfui de Paris pour rejoindre Montpellier. Un copain psychiatre m'a pris chez lui. Il n'a pas voulu me donner de médicaments, parce qu'il prétendait que sinon je serais foutu. Alors, il m'a laissé attendre et je suis resté là durant une quinzaine de jours.

La situation devenait extrêmement pénible financièrement. Je n'avais plus un sou et aucun contrat en perspective. Est arrivé subitement cet engagement pour *Les Bidasses aux grandes manœuvres*. Comment la profession avait-elle appris mon besoin d'argent ? Je n'en sais toujours rien. Je suis donc remonté à Paris pour le tournage. Sans domicile, j'ai dormi dans une chambre de bonne. S'il m'a permis de surnager durant cette période sinistre, ce film demeure nullissime, à quoi bon le nier. Au tournage des *Bidasses* en journée s'est ajoutée *La Pattemouille* chaque soir au théâtre. Et petit à petit, j'ai retrouvé le moral.

Cette pièce n'avait pourtant selon moi aucune saveur. Sabine Azéma et son mari, Michel Lengliney, se sont acharnés pour m'engager et sont parvenus à leurs fins. Je ne voulais vraiment pas la faire. Ils m'ont mis la pression pour que je signe, jusqu'à m'inviter à dîner chez eux, avec un repas monstre à la clé. Moi, assez faux-derche comme toujours, j'ai rétorqué que je ne pouvais pas accepter, en cherchant désespérément une excuse valable… Et puis je suis retourné à Avène, dans notre maison de vacances familiale, pour m'échapper. Jusqu'à ce coup de fil de l'auteur :

« Pourquoi tu ne veux pas jouer la pièce ? Tu la trouves mauvaise ?

— Mais non, ai-je continué en pensant l'inverse.

— Alors si elle n'est pas mauvaise, pourquoi ne l'acceptes-tu pas ?

— Je ne peux pas parce que j'ai le tournage d'un *Gendarme* qui va arriver, ai-je lancé.

— Mais si tu étais libre, tu la jouerais ?

— Oui, mais je ne peux pas rater un *Gendarme*, parce que si je leur dis non, ils mettront un autre que moi.

— Quand commence le tournage ?

— Mars, ai-je répondu.

— Mais alors, en janvier et février, tu es libre ? »

Je n'avais plus le choix, alors j'ai dit :

« Oui. »

Dès cet instant, j'étais baisé.

« Alors, tu la joues ! »

En décembre, le directeur du théâtre de La Michodière est venu jusqu'à Avène pour que je paraphe les contrats. Et voilà comment je me suis retrouvé embarqué dans *La Pattemouille.*

Même si cette pièce n'avait rien d'extraordinaire, j'ai réussi à créer mon numéro et faire en sorte que le public s'amuse. À mon grand étonnement, la salle était bourrée à craquer tous les soirs. Je n'en avais pas encore conscience, mais le public me suivait. Au parterre, ma seconde femme était la seule spectatrice qui ne riait pas.

Le succès de *La Pattemouille* fut tel que le théâtre a joué les prolongations. Fatalement est arrivée la date où je devais réellement rejoindre le tournage du *Gendarme et les gendarmettes.* Dans la troupe, tout le monde m'en a voulu puisqu'ils espéraient la jouer toute la saison, voire l'année suivante. Les représentations ont été stoppées après mon départ. Je les avais pourtant prévenus !

Durant les mois terribles de cette année noire, j'ai signé tous les films et les téléfilms qui passaient : *Si ma gueule vous plaît*, *Salut, j'arrive*, *Est-ce bien raisonnable ?*, le minable *Te marre pas... c'est pour rire !*, *Y a-t-il un Français dans la salle ?* de Mocky, *La Marseillaise*, *Spéciale dernière*, *Les Diplômés du dernier rang*, *T'es heureuse ? Moi, toujours !*, *Le Braconnier de Dieu*... L'Alsacien Michel Gérard m'a engagé avec Darry Cowl et Jackie Sardou dans *On s'en fout... nous on s'aime*. Comme il nous payait, nous n'hésitions pas. Franchement, ses films n'étaient pas terribles ! Et que dire de ceux de Michel Nerval : *Le bahut va craquer*, *Sandy* et, bien après, *Sans défense* ?

Les Bidasses aux grandes manœuvres
Réalisateur : Raphaël Delpard.
Scénario et dialogues : Raphaël Delpard, Jean Rossi et Serge Lebel.
Sortie nationale : 28 octobre 1981.
Avec Michel Galabru (le colonel Desjument), Betty Beckers (madame Desjument), Paul Préboist (le colonel Beaudoin), Bouboule (Bibendum), Jacques Legras (le colonel allemand), Jean Reno (le lieutenant Zag)...
Résumé. – À Gousy-sur-l'Euil, les bidasses se la coulent douce sous les ordres du colonel Beaudoin. Au retour de leur permission, mauvaise nouvelle : le gradé a été remplacé par le colonel Desjument.

La Pattemouille
Auteur : Michel Lengliney.
Metteur en scène : Jean-Claude Islert.
Création : 21 janvier 1982 au théâtre de La Michodière.
Avec Françoise Fleury (Barbara), Michel Galabru (Daniel), Sabine Azéma (Marie), Jacques Castelot (Georges), Jacqueline Hopstein (la mère)...
Résumé. – Cadre, Daniel perd son emploi au moment où son épouse devient une vedette de la télévision. Contraint et forcé, il la remplace au foyer...

Si ma gueule vous plaît
Réalisateur : Michel Caputo.
Scénario et dialogues : Odile Barski, d'après un sujet de Monique Pantel.
Sortie nationale : 23 décembre 1981.
Avec Bernadette Lafont (Denise Lemoine), Valérie Mairesse (Catherine), Michel Galabru (Fabien de Lingeau), Pascale Roberts (Élisabeth), Anne Fontaine (Isabelle).

Spéciale dernière
Réalisateur : Pierre Desfons.
Scénario et dialogues : Jacques Deval, d'après l'œuvre de Ben Hecht et Charles McArthur.
Diffusion TV : 11 janvier 1982.
Avec Catherine Allary (Peggy Grant), Georges Aubert (Kazamian), Gérard Buhr (Murphy), Daniel Ceccaldi (Broadwater), Michel Galabru (Hartman), Marion Game (Gina Malloy)...

Te marre pas... c'est pour rire !
Réalisateur : Jacques Besnard.
Scénario et dialogues : Jacques-Henri Martin, Jean Amadou et Jacques Besnard, d'après l'œuvre de Bricaire et Lasaygues.
Sortie nationale : 10 mars 1982.
Avec Aldo Maccione (Bruno), Michel Galabru (Frémont), Marthe Mercadier (madame Frémont), Jean-Pierre Darras (Flavacourt), Pierre Gallon (Duvernois)...

Salut, j'arrive
Réalisateur : Gérard Poteau.
Scénario et dialogues : Gérard Poteau et Jacques Nahum.
Sortie nationale : 7 avril 1982.
Avec Michèle Grignon (Minou), Judith Magre (Mathilde), Pierre Jolivet (Gérard), Michel Galabru (Gaston), Pierre Vernier (Michel), Christiane Kruger (Carole)...

On s'en fout... nous on s'aime
Réalisateur : Michel Gérard.
Scénario et dialogues : Michel Gérard et Didier Gérard.
Sortie nationale : 16 juin 1982.
Avec Ariel Besse (Nathalie), Didier Clerc (Julien Salvet), Michel Galabru (Aristote), Darry Cowl (monsieur Salvet)...

La Marseillaise
Réalisateur : Michel Berny.
Scénario et dialogues : Jean Curtelin.
Diffusion TV : 29 décembre 1982.
Avec Michel Galabru (Henri Poussin), Stéphane Audran (Juliette Poussin), Françoise Dorner (Isabelle), André Falcon (monsieur Trochu)...

Le Braconnier de Dieu
Réalisateur : Jean-Pierre Darras.
Scénario et dialogues : Henri Coupon et Jean-Pierre Darras, d'après l'œuvre de René Fallet.
Sortie nationale : 5 janvier 1983.
Avec Pierre Mondy (Grégoire), Annie Cordy (Joffrette), Jean Lefebvre (Vincent), Michel Galabru (Hilaire), Jean-Pierre Darras (Frisou)...

Sandy
Réalisateur : Michel Nerval.
Scénario et dialogues : Martine Nerval.
Sortie nationale : 27 avril 1983.
Avec Sandy Stevenson (Sandy/Zoé), Michel Galabru (Fernand), Luis Rego (le client), Robert Castel (Bob), Henri Guybet (François)...

Sans défense
Réalisateur : Michel Nerval.
Scénario et dialogues : Martine Nerval, Jack Gary, Jacqueline Caro.
Sortie nationale : 12 juillet 1989.
Avec Michel Galabru (Jules Rampin), Pascale Petit (Mireille Rampin), Bruno Pradal (Raynald), Pascale Vignal (Florence Chevilly)...

« Moi, j'en suis à ma quatrième femme. Il faut qu'on se rencontre ! »

L'Entourloupe (1983) et *Monsieur Amédée* (1991)

Lorsque ma première femme a découvert ma double vie, je me souviens m'être réfugié dans mon bureau. Je me suis retrouvé seul face à une pile de manuscrits. En les regardant, l'idée m'est venue d'en prendre quelques-uns pour les lire. Après tout, peut-être y avait-il une bonne pièce parmi tous ces textes ? Et j'ai saisi la brochure de *L'Entourloupe*.

Par un signe du destin, son auteur, Alain Raynaud-Fourton, m'a appelé dès le lendemain de ma lecture. Au téléphone, nous avons discuté de sa pièce, avant que je lui fasse part de ma situation conjugale pour le moins compliquée. Il a tenté de me rassurer en quelques mots :

« Moi, j'en suis à ma quatrième femme. Il faut qu'on se rencontre ! »

Quelques mois plus tard seulement, nous avons monté *L'Entourloupe* au théâtre des Nouveautés. La pièce s'est jouée pendant cinq ans, sans compter les reprises ! Avec le temps, Alain et moi sommes devenus très proches. En 1991, il a pensé une nouvelle fois à moi pour *Monsieur Amédée*. Ce nouveau projet m'a beaucoup plus intéressé. Les personnages façonnés par Raynaud-Fourton étaient tous d'une grande humanité et la situation était impeccable. Contrairement au jugement d'une poignée d'intellectuels qui mépriseront toujours la comédie par principe, il ne s'agissait pas du tout d'un vaudeville à la con. Un producteur américain nous avait d'ailleurs approchés pour adapter ce spectacle au cinéma. Il est venu nous voir au moins huit fois au théâtre ! Malheureusement, sa disparition n'a pas permis au projet de voir le jour. *Monsieur Amédée* a toutefois rempli les théâtres parisiens et de toute la France. Nous avons fait une tournée jusque dans les îles.

Aujourd'hui, le fils d'Alain Raynaud-Fourton dirige le théâtre de ma fille, le Montmartre-Galabru, anciennement le Maubel. Je suis fier d'avoir remis en état de marche ce lieu qui était voué à la destruction. À mes deux fils, Jean et Philippe, j'ai légué un autre lieu de spectacles, le théâtre de Dix-Heures. Ainsi, mes enfants sont assurés de vivre toute leur vie grâce à ces théâtres, sauf s'ils font les imbéciles. Ils ont une situation. J'ai au moins réussi ça. Si je ne suis pas doté d'une intelligence énorme, j'ai du bon sens et c'est sans doute encore plus important. Mon père nous le répétait tout le temps autrefois :

« Ayez du bon sens. »

Le rachat du théâtre de Dix-Heures remonte aux années 1980. Quand Alain Raynaud-Fourton m'a averti qu'il était en vente, je me suis souvenu d'un bon ami de Montpellier qui avait construit de ses propres mains une scène dans la cave de sa belle-mère. Il pratiquait le théâtre en amateur, mais lui au moins avait son lieu toujours à disposition. Et si nous avions eu un tel outil avec les copains du Conservatoire en notre temps ? Nous rêvions tous de posséder un théâtre pour nous faire connaître, tenter des expériences et passer outre les échecs. Sans un sou d'avance, Alain m'a convaincu d'emprunter pour l'acquérir. Dans mon esprit, au départ, ce théâtre de Dix-Heures devait être dédié à la musique de chambre. Nous l'aurions rebaptisé « Au petit Mozart ». Mon fils Jean avait toujours voulu vivre de la musique, allant jusqu'à répéter son piano huit heures par jour. Il aurait pu organiser ses propres représentations et nous l'aurions loué pour d'autres concerts. Finalement, lui aussi a emprunté le chemin du théâtre. Il m'a enchanté en écrivant des pièces populaires comme *La Poule aux œufs d'or* et *Bon appétit messieurs !* que nous avons beaucoup jouées.

L'Entourloupe
Auteur : Alain Raynaud-Fourton.
Metteur en scène : Michel Modo.
Création : 26 janvier 1983 au théâtre des Nouveautés.
Avec Michel Galabru (Paul Gensac), Alexandre Grecq (Alex), René Lafleur (l'homme), Alain Chevallier (Henri Tramont), Pascale Roberts (Irène Gensac), Isabelle Le Cann (Sophie)...

Résumé. – Un homme d'affaires détient le secret d'une invention stratégique qui intéresse les grandes puissances. D'espions en faux amis, des millions de dollars sont en jeu.

Monsieur Amédée
Auteur : Alain Raynaud-Fourton.
Metteur en scène : Alain Raynaud-Fourton.
Création : 3 décembre 1991 au théâtre de l'Eldorado.
Avec Michel Galabru, Annie Jouzier, Roger Muni, Micheline Dieye, Éric Raynaud-Fourton, Cécile Perrier...
Résumé. – Professeur de français à la retraite, monsieur Amédée se retrouve fortuitement en compagnie d'une prostituée. Il devient malgré lui souteneur.
Commentaire. – À l'instar de *L'Entourloupe*, Michel Galabru a joué de nombreuses fois *Monsieur Amédée*. En 1999, la pièce a été reprise avec Bernadette Lafont dans le rôle de Katia, la prostituée.

La Poule aux œufs d'or
Auteur : Jean Galabru (*alias* Alexandre Vial).
Metteur en scène : Michel Galabru.
Création : 17 octobre 1994 au théâtre de l'Eldorado.
Avec Michel Galabru, Michel Caccia, Xavier Garnault, Marthe Mercadier, Roger Muni, Delphine McCarty...

Bon appétit messieurs !
Auteur : Jean Galabru.
Metteur en scène : Jean-Pierre Dravel et Olivier Macé.
Création : 15 octobre 2001 au théâtre Comedia.
Avec Michel Galabru, Maurice Risch, Laurence Badie, Nadine Capri...

« Ce petit bonhomme de Coggio ne payait pas de mine, mais il était très astucieux »

Des *Fourberies de Scapin* (1981) à *La Folle Journée ou le mariage de Figaro* (1988)

Dans ce début des années 1980, Louis de Funès et Jean Girault n'ont pas été les seuls à monter du Molière au cinéma. Si *L'Avare* demeure l'une des adaptations les plus populaires de l'auteur, Roger Coggio a mis en scène coup sur coup *Les Fourberies de Scapin* et *Le Bourgeois gentilhomme* avec beaucoup plus de finesse. Molière a créé des personnages fascinants que tous les acteurs veulent interpréter. Ses textes révèlent l'homme dans sa grandeur et ses bassesses. Nous avons tous pris à chaque fois beaucoup de plaisir à jouer Molière avec Coggio. Ses versions sont plus respectueuses de la musicalité de Molière que ne l'avait été *L'Avare* par Louis de Funès. Il avait la culture des classiques.

Ce petit bonhomme de Coggio ne payait pas de mine, mais il était très astucieux et doté d'une intelligence brillante. Il réussissait toujours à réunir assez d'argent pour réaliser ses films. Nous ne manquions jamais de rien. À dire vrai, je n'ai jamais compris son stratagème, mais il était efficace. Je le voyais régulièrement fréquenter les ministères de la Culture et de l'Éducation pour obtenir des subventions. Il lui arrivait aussi de me balader aux quatre coins du pays pour faire sa propagande dans les collèges et les lycées, profitant de ma petite popularité pour convaincre les publics. Son but consistait à vendre les billets par avance, comme au théâtre. Il était très fort.

Les Fourberies de Scapin a donc été notre premier projet du genre, avec Jean-Pierre Darras, Fanny Cottençon et Maurice Risch à l'affiche. L'un des décors avait été installé dans un port du Midi avec de nombreux figurants. Je portais le costume de Géronte, alors autant dire que je n'avais aucune chance avec ces dames... Et pourtant, j'avais repéré au loin une femme d'une quarantaine d'années. Elle me fascinait avec sa poitrine extraordinaire. J'ai fini par aller la voir et oser lui demander la permission de plonger ma main dans ses seins.

« Ah ! non, ce n'est pas possible ! s'est-elle offusquée.

— Vous savez, je ne resterai pas longtemps... », ai-je dit un peu lamentablement.

Autour de nous, les copains se sont rapprochés. Elle m'a finalement laissé faire et j'ai saisi cette poitrine divine. Je me suis régalé !

Après *Le Bourgeois gentilhomme*, Roger Coggio a continué sur sa belle lancée et produit *Les Fausses Confidences* en 1984, d'après Marivaux. Cette nouvelle expérience a permis à de nombreux élèves de France de redécouvrir ce grand classique méconnu. Il m'a repris l'année suivante pour *Monsieur de Pourceaugnac*, un autre chef-d'œuvre de Molière, et puis dans *La Folle Journée ou le mariage de Figaro* d'après Beaumarchais.

Les Fourberies de Scapin
Réalisateur : Roger Coggio.
Scénario et dialogues : Roger Coggio, d'après l'œuvre de Molière.
Sortie nationale : 7 janvier 1981.
Avec Michel Galabru (Géronte), Roger Coggio (Scapin), Jean-Pierre Darras (Argante), Maurice Risch (Sylvestre), Fanny Cottençon (Hyacinthe)…

Le Bourgeois gentilhomme
Réalisateur : Roger Coggio.
Scénario et dialogues : Roger Coggio, d'après l'œuvre de Molière.
Sortie nationale : 3 mars 1982.
Avec Michel Galabru (monsieur Jourdain), Rosy Varte (madame Jourdain), Frank David (Cléonte), Christine Deschaumes (Lucile), Roger Coggio (Covielle), Xavier Saint-Macary (Dorante)…

Les Fausses Confidences
Réalisateur : Daniel Moosman.
Scénario et dialogues : Bernard Landry et Daniel Moosman, d'après l'œuvre de Marivaux.
Sortie nationale : 3 octobre 1984.
Avec Jean-Pierre Bouvier (Dorante), Brigitte Fossey (Araminte), Fanny Cottençon (Marton), Roger Coggio (Dubois), Micheline Presle (madame Argante), Michel Galabru (monsieur Rémy)...

Monsieur de Pourceaugnac
Réalisateur : Michel Mitrani.
Scénario et dialogues : Michel Mitrani, d'après l'œuvre de Molière.
Sortie nationale : 24 avril 1985.
Avec Michel Galabru (monsieur de Pourceaugnac), Roger Coggio (Sbrigani), Fanny Cottençon (Julie), Jérôme Anger (Éraste)...

La Folle Journée ou le mariage de Figaro
Réalisateur : Roger Coggio.
Scénario et dialogues : Roger Coggio et Bernard G. Landry, d'après l'œuvre de Beaumarchais.
Sortie nationale : 20 septembre 1989.
Avec Fanny Cottençon (Suzanne), Roger Coggio (Figaro), Marie Laforêt (la comtesse), Claude Giraud (le comte Almaviva), Michel Galabru (Bartholo)...

« Ses idées cocasses intriguaient les spectateurs autant que ses acteurs »

Malaucène, Georges Descrières et Jérôme Savary

De tous les festivals auxquels j'ai participé, celui auquel je suis resté le plus attaché est Malaucène. Ce rendez-vous a été créé par des amis et il nous a permis de présenter nombre de classiques pendant ces mêmes années 1980, avec *Le Malade imaginaire* ou *George Dandin* de Molière, mais aussi des œuvres de Goldoni. Pendant six saisons extraordinaires, nous sommes parvenus à monter des spectacles sans un franc de subventions. Tout le monde dormait chez l'habitant et seules les recettes des représentations payaient les comédiens et la technique. J'ai également souvent participé au Printemps des comédiens, dans ma région de Montpellier, avec *Les Rustres*, *Le Voyage de monsieur Perrichon* ou *Le Médecin malgré lui*. Depuis mon Conservatoire, je n'ai jamais réellement quitté l'univers de Molière et des classiques, au gré des festivals d'été et des tournées.

Au milieu des années 1990, j'ai aussi embarqué à bord de bateaux de croisière et joué *Tartuffe*, *On purge bébé* ou *L'École des femmes* avec Robert Manuel, comédien et metteur en scène de grande valeur que j'avais connu à la Comédie-Française. Toute la troupe répétait à Paris, puis traversait les mers pour interpréter les pièces du répertoire à bord, et parfois dans des sites historiques pendant les escales. Je me souviens de la beauté des ruines de Palmyre… J'ai aussi monté *Le Bourgeois gentilhomme* à Montpellier, avec mon frère Marc en maître tailleur. J'étais un peu inquiet de l'interprétation qu'il allait pouvoir livrer, mais il s'est révélé plus que convenable dans ce rôle. Ce sont des souvenirs heureux… Les « tournées Galabru » ont présenté tant de spectacles !

Georges Descrières, un autre sociétaire du Français, m'a aussi fait jouer Sganarelle dans *Dom Juan*. Nous le surnommions Degruyères… Ce n'était pas très gentil, mais il avait véritablement des trous de mémoire énormes. Et il faut bien rigoler un peu… Quand ça lui arrivait, personne ne savait jusqu'où il pourrait aller en meublant ses silences.

« Et… Dieu… qui… nous voit… et… moi… »

Au bout d'un interminable moment de suspension, il retrouvait généralement le fil de son texte, mais nous nous demandions toujours à quelle scène il allait atterrir ! Lorsque vous êtes sur scène, vous ressentez ce frisson parfois. Heureusement, il avait toujours un souffleur au premier rang, sa femme ! Elle était équipée d'une petite lampe torche. Depuis la scène, nous ne voyions qu'elle.

Après le succès de *La Femme du boulanger*, Savary m'a à son tour proposé de reprendre son propre *Bourgeois gentilhomme*. Chez lui, contrairement à Coggio, Molière côtoyait Savary. Et quelquefois Savary pouvait abîmer Molière, et ce malgré toute l'admiration qu'il lui portait. Cette nouvelle « savarynade » n'en était pas moins intéressante. Il a su donner au classique la fantaisie et l'inventivité qui le caractérisaient en s'affranchissant des règles. Sans fausse note, Jérôme Savary savait comment imprimer sa marque et sa personnalité dans chacun de ses spectacles. Ses idées cocasses intriguaient les spectateurs autant que ses acteurs. Le public se déplaçait sur son nom, plus encore que sur celui des comédiens ou même sur le titre, comme ce fut autrefois le cas avec Sacha Guitry. Nous nous sommes retrouvés une dernière fois en 2012 dans *Tartarin de Tarascon*, qui fut diffusé sur France 2. Avec un succès mitigé, hélas.

> *Dom Juan*
> Auteur : Molière.
> Metteur en scène : Georges Descrières.
> Création : 9 juin 1987 au Printemps des comédiens (Montpellier).
> Avec Georges Descrières (Dom Juan), Michel Galabru (Sganarelle), Jean Davy (Dom Luis), Delphine Rich (Charlotte)…

« Tu la prends et tu la tues ! »

L'Été meurtrier (1983)

Au cinéma, les producteurs des *Gendarme* m'ont gentiment proposé le rôle du père d'Isabelle Adjani dans *L'Été meurtrier*. De mémoire, je n'avais que quatre jours à faire. Ma filmographie est ainsi remplie de films pour lesquels je n'ai fait que quatre, trois, voire deux journées de tournage. Comment voulez-vous prouver votre talent en si peu de temps ? Ce n'est pas sérieux ! Personnellement, je ne me suis jamais trouvé bon dans ce rôle. Au gré de mes rencontres, les gens m'ont assuré du contraire, alors j'ai fini par les croire. À l'inverse de moi, Adjani était en tout point impressionnante.

Le premier jour, j'étais convoqué pour 14 heures. À peine arrivé, j'ai été prévenu par l'assistant que ce n'était pas encore mon tour. Le cinéma est souvent une affaire de patience. Je me suis donc dirigé vers la cantine pour passer le temps. Sous la tente, je suis tombé sur Marie-Pierre Casey, que je ne connaissais pas. J'ai entamé la discussion par la politesse d'usage :

« Ça va ?

— Non, ça ne va pas, me répond-elle sans détour.

— Ah ! bon ? Et pourquoi ?

— Parce qu'on va me taper… »

Stupéfait, j'ai quand même tenté de la rassurer :

« Mais non voyons, vous savez bien ce que c'est que le cinéma. On ne va pas vous taper… Il y a des trucages !

— Non, non, je sais ce que je dis, continuait-elle. On va me taper. J'ai même prévu mes granules d'homéopathie. »

Nous avons déjeuné sans rien nous dire de plus… L'heure fatidique est arrivée et nous avons été appelés sur le plateau. Marie-Pierre Casey est entrée la première dans le décor, installé dans une toute petite pièce où tous les techniciens paraissaient entassés. Il y régnait une chaleur à crever. Au bout de quelques instants, j'ai entendu le réalisateur détailler la scène aux acteurs :

« Tu la prends et tu la tues ! »

Je me suis alors rendu compte que ses craintes étaient peut-être justifiées… Aussitôt, je vois Marie-Pierre Casey violemment jetée sur le lit. C'est alors qu'elle coupe la scène, décontenancée :

« Excusez-moi, mon dentier vient de sauter. Je suis obligée de m'arrêter. »

Après une seconde de silence, un fou rire a éclaté dans toute l'assemblée. Les techniciens étaient pliés en deux. Cet incident a eu pour effet de libérer toutes les tensions accumulées autour de la scène dramatique qui venait d'être jouée, dans un climat ultra-pesant et une température insupportable. Moi, je me suis précipité vers la pauvre Marie-Pierre Casey en criant :

« Vos granules ! Vos granules ! »

Après *L'Été meurtrier*, les producteurs ont continué à mettre mon nom en haut de l'affiche malgré des rôles anodins. À cause de l'étiquette « *Gendarme* » qui me collait aux basques, ils ont recommencé à ne plus m'engager que pour des comédies ou des films mineurs, comme *Vous habitez chez vos parents*, *En cas de guerre mondiale, je file à l'étranger*, *La Triche*, *Adam et Ève*, *On l'appelle catastrophe*, *Le Facteur de Saint-Tropez*, *C'est facile et ça peut rapporter… vingt ans*, *Ne prends pas les poulets pour des pigeons*, *Réveillon chez Bob…* Comme dirait Tavernier pour résumer l'affaire :

« Nullissime ! »

L'Été meurtrier
Réalisateur : Jean Becker.
Scénario et dialogues : Sébastien Japrisot.
Sortie nationale : 11 mai 1983.
Avec Isabelle Adjani (Éliane), Alain Souchon (Pin Pon), Suzanne Flon (Cognata), Michel Galabru (Gabriel), Manuel Gélin (Boubou), Jenny Clève (la mère de Pin Pon), Marie-Pierre Casey (mademoiselle Tussaud)…
Résumé. – Florimond, surnommé Pin Pon, tombe sous le charme d'Éliane, dite « Elle ». Celle-ci vient d'emménager dans le village provençal où il habite, et où elle ne passe pas inaperçue. Mais la jeune femme a un secret…

En cas de guerre mondiale, je file à l'étranger
Réalisateur : Jacques Ardouin.
Scénario et dialogues : Jean-Claude Massoulier.
Sortie nationale : 25 mai 1983.
Avec Florence Haziot (Florence), Annie Jousier (Sylvie), Denise Didier (Monique), Jean-Claude Massoulier (Toussaint), Michel Galabru (Ponsard)...

C'est facile et ça peut rapporter... vingt ans
Réalisateur : Jean Luret.
Scénario et dialogues : Jean Jabely.
Sortie nationale : 1er juin 1983.
Avec Robert Castel (Moreno), Michel Galabru (le marquis de Malaveilla), Katia Tchenko (Virginie), Jacques Balutin (le commissaire), Dominique Webb (l'illusionniste)...

On l'appelle Catastrophe
Réalisateur : Richard Balducci.
Scénario et dialogues : Richard Balducci.
Sortie nationale : 29 juin 1983.
Avec Michel Leeb (Antoine Malibran), Michel Galabru (le directeur de la banque), Carole Lixon (Carole Duvalier), Darry Cowl (le juge d'instruction), Pierre Doris (Frumigaci)...

Vous habitez chez vos parents ?
Réalisateur : Michel Fermaud.
Scénario et dialogues : Michel Fermaud.
Sortie nationale : 10 août 1983.

Avec Michel Galabru (André Martelli), Madeleine Barbulée (Mammy), Claire Maurier (Alice Martelli), Grâce de Capitani (Dominique Martelli), Jacques Legras (Gaspard), Alexandre Sterling (François Martelli)...

Adam et Ève
Réalisateur : Jean Luret.
Scénario et dialogues : Jean Jabely.
Sortie nationale : 25 janvier 1984.
Avec Alice Sapritch (la Maldiva), Jean-Marie Proslier (Propro), Michel Galabru (Léon Blachurpe), Jackie Sardou (madame Ben-Hoït), Jean-François Dérec (Régis)...

La Triche
Réalisatrice : Yannick Bellon.
Scénario et dialogues : Yannick Bellon et Rémi Waterhouse.
Sortie nationale : 8 août 1984.
Avec Anny Duperey (Nathalie Verta), Victor Lanoux (Michel Varta), Xavier Deluc (Bernard Mirande), Michel Galabru (Jean Morane/Sylvain Morane), Patrick Raynal (René Villedieu)...

Réveillon chez Bob
Réalisateur : Denys Granier-Deferre.
Scénario et dialogues : Denys Granier-Deferre, Jacques Audiard, Yves Stavridès.
Sortie nationale : 12 décembre 1984.
Avec Jean Rochefort (Louis Alban), Guy Bedos (Thierry Hubert), Agnès Soral (Flo), Michel Galabru (Douglas), Mireille Darc (Madeleine)...

« À l'origine, de Funès devait jouer le personnage de Papy »

Papy fait de la résistance (1983) et *Le Splendid*

Pour *Papy fait de la résistance*, en 1983, la jeune équipe montante du Splendid avait la volonté de mélanger les générations à l'écran pour sortir du modèle des *Bronzés* et du *Père Noël est une ordure*. À l'origine, de Funès devait jouer le personnage de *Papy*, avec Jacqueline Maillan à ses côtés. Après sa mort, ce rôle m'a été confié et ce fut un honneur de le reprendre.

Jugnot, Clavier, Lamotte... Tous ces jeunes acteurs devenaient des vraies vedettes du cinéma, au point qu'une certaine concurrence est née entre nous sur le tournage. Une anecdote fâcheuse illustre cette rivalité non avouée entre le camp des vieux et celui des jeunes. À la cantine, Jugnot a fait une allusion à ma tenue vestimentaire :

« Pourquoi tu mets des jeans ? Ça fait plus jeune, Michel ? », s'est-il moqué.

Je l'ai regardé. Il portait un short. J'ai répondu :

« Et toi, tu as de belles cuisses... »

Ces mots inutiles n'ont pas été les seuls. Pour ma part, j'ai toujours eu beaucoup de considération quant à son talent. Que pensait-il de moi réellement ? Je ne sais pas. Tout ça n'est qu'histoire ancienne… Nous nous sommes revus depuis et je l'ai toujours félicité à la sortie des théâtres.

Bien qu'il ne fasse pas partie de l'équipe dite du Splendid, je considère que Jacques Villeret est l'un des meilleurs comédiens figurant au casting de *Papy fait de la résistance*. Son numéro à la fin du film est époustouflant. Après cette comédie, je l'ai retrouvé une première fois dans *Les Frères Pétard*, où mon rôle se cantonnait malheureusement à une bataille de yaourts… Acteur au talent sans limites, Villeret était un homme très curieux hors des projecteurs, aux addictions hélas ravageuses. Lorsqu'il avait bu, il pouvait vous donner l'impression qu'il allait vous tuer. Dans un cabaret de Genève, j'en ai eu le cœur net. Tandis que j'avançais vers lui simplement pour lui dire bonjour, j'ai bien vite reculé en voyant son regard. Il était sous l'emprise de l'alcool. La boisson et la dépression ont malheureusement causé sa mort. Quelles ont été les vraies causes de ses dépendances ? À quel instant sa vie a-t-elle basculé dans la mélancolie ? Étant donné notre sort à tous sur Terre, je ne comprends pas pourquoi tout le monde n'est pas dépressif. Nous nous gargarisons d'illusions, mais tout le monde doit mourir un jour. Nous n'avons pas d'autre issue. Qu'est-ce qu'on a fait au bon Dieu ? Il n'y a aucune explication tangible.

Pour en revenir au cinéma, j'ai croisé de nouveau la route du Splendid avec *Tranches de vie*, d'après Lauzier. Dans l'un des sketchs, je joue un paysan aux côtés de Laurence Badie et nous discutons sexualité sans mâcher nos mots… De l'eau a coulé sous les ponts depuis dans ce domaine !

Au-delà du Splendid, j'ai aussi connu les Inconnus à leurs débuts dans cette même période, avec *Le téléphone sonne toujours deux fois*. Ce n'est pas la peine de disserter sur la qualité du film. Chacun peut se faire juge en découvrant les images.

Dix ans plus tôt, un autre groupe de comiques avait connu son heure de gloire : les Charlots. Leur *Grand Bazar* fonctionne toujours, même s'il est bien ancré dans son époque, avec Serrault en directeur d'hypermarché et moi dans la peau du patron d'un bar-épicerie, le petit commerçant contre la grande distribution. Dans la dernière scène, je cite Le Bousquet-d'Orb alors que mon personnage quitte la ville et fait ses adieux à la bande. Le réalisateur, Claude Zidi, m'avait demandé de dire le nom que je voulais, alors j'ai choisi celui du village natal de mes parents.

Le Grand Bazar
Réalisateur : Claude Zidi.
Scénario et dialogues : Claude Zidi, Georges Beller et Michel Fabre.
Sortie nationale : 6 septembre 1973.
Avec Jean Sarrus (Jean), Gérard Rinaldi (Gérard), Gérard Filipelli (Phil), Jean-Guy Fechner (Jean-Guy), Michel Serrault (Félix Ducan), Michel Galabru (Émile), Roger Carel (le commissaire-priseur)…

Papy fait de la résistance
Réalisateur : Jean-Marie Poiré.
Scénario et dialogues : Christian Clavier et Martin Lamotte.
Sortie nationale : 26 octobre 1983.
Avec Christian Clavier (Michel Taupin), Michel Galabru (Papy), Jacqueline Maillan (Mamina), Martin Lamotte (Guy Hubert), Gérard Jugnot (Adolfo Ramirez), Roland Giraud (le général Spontz), Dominique Lavanant (Bernadette)...
Résumé. – En 1943, sous l'Occupation, la demeure des Bourdel est réquisitionnée par les Allemands pour loger le général Spontz. L'un des membres de cette famille de musiciens n'est autre que « Super-Résistant ».

Le téléphone sonne toujours deux fois
Réalisateur : Jean-Pierre Vergne.
Scénario et dialogues : Didier Bourdon, Bernard Campan et Seymour Brussel.
Sortie nationale : 23 janvier 1985.
Avec Didier Bourdon (Marc), Bernard Campan (Ugo), Pascal Légitimus (Blacky), Seymour Brussel (Frank), Michel Galabru (Marraine)...

Tranches de vie
Réalisateur : François Leterrier.
Scénario et dialogues : Gérard Lauzier.
Sortie nationale : 6 février 1985.
Avec Michel Galabru (le paysan) et Laurence Badie (sa femme) [pour le sketch « L'orgasme »].
Commentaire. – *Tranches de vie* est un film à sketchs, avec notamment « La Nuit inoubliable », « Mission : impossible » ou « Paris sera toujours Paris ». À l'affiche

figurent notamment Michel Boujenah, Jean-Pierre Cassel, Josiane Balasko, Christian Clavier, Luis Rego, Marie-Anne Chazel, Martin Lamotte...

Les Frères Pétard
Réalisateur : Hervé Palud.
Scénario et dialogues : Hervé Palud et Igor Aptekman.
Sortie nationale : 15 octobre 1986.
Avec Gérard Lanvin (Manu), Jacques Villeret (Momo), Josiane Balasko (Aline), Michel Galabru (le père de Momo), Valérie Mairesse (Brigitte)...

« Je préfère Belmondo. Delon, c'est un bellâtre ! »

Bertrand Blier, Alain Delon, *Notre histoire* (1984)

Avant de rencontrer Bertrand Blier et de faire plus ample connaissance avec lui, j'avais surtout bien connu Bernard, son père. Des années après ses *Valseuses* mémorables, il m'a engagé pour *Notre histoire.* De son point de vue, je crois qu'il me jugeait comme un bon acteur, capable en tous les cas de rendre des services. Il ne me dédaignait pas, sans me prendre non plus pour un dieu. Son talent à lui a toujours été d'oser, de proposer des sujets originaux et parfois provocants. *Notre histoire* réunissait Nathalie Baye et Alain Delon en vedette. Autour de moi, tout le monde m'avait mis en garde contre Delon, jugé caractériel. Sur le tournage, je n'ai trouvé qu'un homme aimable et professionnel. Dès le premier jour, il m'a sauté au cou alors que nous ne nous étions jamais rencontrés. Pour l'anecdote, assez caractéristique, une amie de ma femme m'avait avisé :

« Moi Delon, non ! Je préfère Belmondo. Delon, c'est un bellâtre ! »

Cette copine est venue me rendre visite sur le plateau de *Notre histoire.* Dans le couloir, évidemment, nous avons croisé Delon. En voyant « le bellâtre », c'est tout juste si l'autre ne s'est pas mise à baver ! J'en riais tellement son attitude me paraissait incohérente.

À l'affiche de *Notre histoire*, Bertrand Blier m'a offert un bon rôle, dans un univers qui n'avait encore que rarement été le mien. Ce film a reçu un bel accueil à sa sortie. Il a d'ailleurs permis à Delon d'obtenir son césar du meilleur acteur. Il faut se souvenir qu'en 1976, nous étions tous les deux nominés dans la même catégorie, et je l'avais emporté avec *Le Juge et l'Assassin*.

Depuis, Blier a attendu 1996 et *Mon homme* pour me proposer un nouveau personnage, à vrai dire une apparition, avant *Les Acteurs* quelques années plus tard. Je le considère toujours comme un très grand cinéaste, même si le public et les professionnels semblent l'avoir un peu écarté du circuit, sans que je puisse comprendre pourquoi.

Notre histoire
Réalisateur : Bertrand Blier.
Scénario et dialogues : Bertrand Blier.
Sortie nationale : 23 mai 1984.
Avec Alain Delon (Robert Avranches), Nathalie Baye (Donatienne/Geneviève), Geneviève Fontanel (Madeleine), Michel Galabru (Émile), Gérard Darmon (Duval), Jean-Pierre Darroussin (le voyageur)...

Résumé. – Robert Avranches est garagiste. Donatienne est une jeune femme divorcée. Ils se sont rencontrés dans un train et Robert ne veut plus la quitter.

Mon homme
Réalisateur : Bertrand Blier.
Scénario et dialogues : Bertrand Blier.
Sortie nationale : 31 janvier 1996.
Avec Anouk Grinberg (Marie Arbatt), Gérard Lanvin (Jean Bourdelle), Olivier Martinez (Jean-François Loriot), Sabine Azéma (Bérengère), Michel Galabru (un client)...

Les Acteurs
Réalisateur : Bertrand Blier.
Scénario et dialogues : Bertrand Blier.
Sortie nationale : 5 avril 2000.
Avec Josiane Balakso, Dominique Blanc, André Dussollier, François Berléand, Michel Galabru, Albert Dupontel, Jean-Paul Belmondo, Sami Frey, Gérard Depardieu, Jean Yanne, Alain Delon, Michel Serrault...

« Baisse un peu la paupière… Tourne-toi… Ta tête… Approche-toi… Stop… »

Luc Besson et *Subway* (1985)

D'une autre génération que Bertrand Blier, Luc Besson possède un talent monstre, mais il illustre bien le dédain qu'un réalisateur peut parfois avoir pour l'acteur. Nous avons tourné ensemble *Subway* en 1985. Dans une scène, je devais donner la réplique à Isabelle Adjani. En arrivant sur le décor, j'ai compris qu'elle ne serait pas physiquement en face de moi. Besson était planté à sa place, muni de sa caméra. Tout au long des prises, il a dirigé mon jeu dans les moindres détails, au point où j'ai eu l'impression de n'être plus rien. Il ne laissait que très peu d'initiative au comédien :

« Baisse un peu la paupière… Tourne-toi… Ta tête… Approche-toi… Stop… »

Sans broncher, je me suis exécuté, en pensant :

« Tu n'es qu'une merde, c'est pour ça qu'il te dirige comme ça. Il ne veut sans doute pas déranger Adjani… »

Et puis est venu le tour d'Adjani. J'avais fait en sorte de rester disponible, considérant qu'il me demanderait forcément de venir sur le plateau pour donner la réplique à sa vedette. Pas du tout. Besson s'est installé de l'autre côté du bureau, juste en face d'Adjani, à la place où je me tenais peu de temps auparavant. La situation m'a paru assez surprenante. Sa tête d'affiche n'avait donc aucune initiative non plus. Dès les premiers jours du tournage, Luc Besson nous avait fait comprendre qui était le vrai patron. Et lorsque vous êtes en présence d'un grand metteur en scène, vous n'êtes de toute façon jamais grand-chose au cinéma. Une fois que j'ai compris sa méthode, nous nous sommes bien entendus.

Des mois plus tard, après le montage, Besson m'a poussé à voir son film. J'avais déjà la réputation de ne jamais m'attarder sur le résultat... Il est donc venu me chercher chez moi à moto. Il m'a mis à l'arrière de son bolide sans me laisser le choix et m'a amené jusqu'à sa salle de projection. J'ai reçu l'ordre de m'installer, avant qu'il ne quitte la pièce et ne ferme la porte à clé. À la fin du film, il est revenu.

« C'est bien ?

— Oui, ai-je répondu.

— Très bien Michel. Au revoir. »

C'était de bonne guerre !

Si je n'ai pas tourné dans un autre film de Besson, il a produit *Kamikaze* de Didier Grousset. Exception faite du *Gendarme et les extraterrestres*, il s'agit de ma seule incursion dans le domaine de la science-fiction. Je jouais

La Femme du boulanger pour Savary à Mogador lorsque ce projet m'a été proposé. Face à mes interrogations sur l'invention centrale du film, une machine à tuer à distance grâce aux ondes, des spécialistes m'ont affirmé que l'engin allait sans doute exister un jour. Je me suis passionné pour le sujet. *Kamikaze* m'a aussi offert une belle rencontre avec Richard Bohringer, un acteur de talent. Nous avions déjà tourné ensemble dans *Du sel sur la peau*.

Du sel sur la peau
Réalisateur : Jean-Marie Degesves.
Scénario et dialogues : Jean-Marie Degesves.
Sortie nationale : 1984.
Avec Richard Bohringer (Julien), Catherine Frot (Charlotte), Michel Galabru (Bideau), Liliane Becker (Mamy)…

Subway
Réalisateur : Luc Besson.
Scénario et dialogues : Luc Besson, Pierre Jolivet, Alain Le Henry, Marc Perrier et Sophie Schmidt.
Sortie nationale : 10 avril 1985.
Avec Isabelle Adjani (Helena), Christophe Lambert (Fred), Richard Bohringer (le fleuriste), Michel Galabru (le commissaire Gesberg), Jean-Pierre Bacri (l'inspecteur Batman)…
Résumé. – Fred a dérobé des documents compromettants chez Helena. Après s'être enfui, l'homme se réfugie dans le métro parisien, où il découvre un monde à part.

Kamikaze

Réalisateur : Didier Grousset.

Scénario et dialogues : Luc Besson, Michèle Halberstadt et Didier Grousset.

Sortie nationale : 10 décembre 1986.

Avec Michel Galabru (Albert), Richard Bohringer (Romain Pascal), Dominique Lavanant (Laure Frontenac), Romane Bohringer (Julie)...

Résumé. – Mis au chômage, Albert entend montrer au monde ses capacités. L'inventeur a mis au point une machine tuant à distance, grâce aux ondes, les speakerines de la télévision.

« Je crois que le bonheur ne tient pas aux choses matérielles »

Je hais les acteurs (1986)

Des années avant qu'il ne travaille avec Luc Besson, Gérard Krawczyk m'a engagé pour son premier film, *Je hais les acteurs*, une comédie en noir et blanc sur l'âge d'or de Hollywood. J'y campe un acteur qui n'assume pas son âge. Dans le fond, j'aurais bien aimé connaître cette époque. Ma vie aurait probablement été brillante, et j'aurais peut-être été couvert d'argent par les studios… Aurais-je été plus heureux ? Je suis profondément convaincu que le bonheur ne tient pas aux choses matérielles, ni au compte en banque ou au succès.

Contrairement aux idées reçues, je n'ai jamais été un homme bourré d'argent et de pouvoir comme certaines vedettes. D'ailleurs, si j'en avais eu les moyens, je crois que j'aurais tout consacré aux jeunes artistes en fondant une école novatrice et gratuite où les talents auraient été réunis pour éclore. J'ai longtemps nourri l'espoir de voir ce projet aboutir. Encore aujourd'hui, personne ne tend la main aux créateurs, qu'ils soient acteurs, peintres, poètes ou musiciens, à l'exception notable des conservatoires. Ailleurs, les formations coûtent très cher et ne débouchent pas nécessairement sur un travail. Le hasard se réserve le droit d'offrir le succès à quelques-uns, et pour les autres la noyade apparaît inévitable. Combien de talents n'ont même pas eu leur chance ? Certains affirmeront que la difficulté du chemin appartient à nos métiers… Pourquoi ne pas chercher plutôt à les aider ? Ce constat est tiré de ma propre expérience.

Pour ce faire, j'aurais eu besoin d'un théâtre suffisamment grand pour accueillir des formations en journée sans gêner son propre fonctionnement. Le soir, les spectateurs auraient assisté aux démonstrations des élèves avant et après le spectacle, sous la forme d'une pièce en un acte, d'une chanson ou d'un sketch en première partie… À l'entracte, ils auraient pu visiter une exposition installée dans le foyer.

Plusieurs fois, ce projet a failli voir le jour, à Marseille comme à Paris. À Lyon également, Gérard Colomb avait suivi le dossier alors qu'il était en pleine campagne électorale. Nous nous étions rencontrés et il paraissait sincèrement intéressé. À l'issue de notre rendez-vous, il m'avait lancé :

« Si vous voulez votre théâtre, il faut que j'aille le gagner ! »

Élu, il m'a adressé une lettre manuscrite très courte qui disait en substance :

« À quand notre projet ? »

Et puis j'ai reçu une convocation de ses conseillers à la Culture. Ils m'ont traité comme un chien. Je n'ai pas insisté tellement ils avaient été désagréables.

Une autre fois, ce même projet a été ralenti à cause de la franc-maçonnerie. Quelques années plus tôt, un type que je ne connaissais pas m'avait donné rendez-vous à l'hôtel Lutetia. En me regardant droit dans les yeux, il m'avait demandé :

« Monsieur Galabru, estimez-vous avoir la place que vous méritez ?

— Monsieur, je ne peux pas me plaindre, avais-je commencé. J'ai des camarades qui ont autant sinon plus de talent que moi, et qui n'ont pas ma chance. »

Il m'a clairement demandé ce que je voulais. Alors naturellement, j'ai parlé d'un théâtre pour mon école...

« Bon, nous allons donc chercher un théâtre. »

Quelque temps après notre premier entretien, il m'a présenté une liste de lieux à vendre.

« Lequel voulez-vous, monsieur Galabru ? »

À la lecture de son dossier, j'ai bien vu qu'il avait travaillé. Quelques jours plus tard, j'ai reçu un courrier de la franc-maçonnerie pour m'inscrire. La lettre disait que je devais téléphoner à un numéro précis le 18 décembre. Je me souviens très bien de cette date. Je n'ai pas répondu, même si je connaissais pourtant bien leur pouvoir. N'ayant pas donné de suite au courrier, j'ai quand même téléphoné à la bonne date. Il n'y avait personne au bout du fil. Et je n'ai jamais plus revu ce monsieur.

Je hais les acteurs
Réalisateur : Gérard Krawczyk.
Scénario et dialogues : Gérard Krawczyk, d'après l'œuvre de Ben Hecht.
Sortie nationale : 10 septembre 1986.
Avec Jean Poiret (Orlando Higgins), Michel Blanc (monsieur Albert), Bernard Blier (Jerome C. Cobb), Michel Galabru (Bison), Dominique Lavanant (madame Davis)...

« Et quand vous serez à Paris, le film sera terminé »

Jean-Luc Godard, *Soigne ta droite* (1987)

Entre deux tournages, ma femme, Claude, et moi profitions d'une cure à Deauville lorsque la réception de l'hôtel Normandy m'a fait part d'un message inattendu :

« Monsieur Godard voudrait savoir s'il peut convenir d'un rendez-vous avec vous demain à 17 heures dans le hall de l'hôtel ?

— Oui, naturellement... », ai-je répondu non sans perplexité.

En moi-même, je ne comprenais pas pourquoi Godard cherchait à me voir. Il n'avait probablement aucune estime pour moi au regard de ma carrière au cinéma... Le lendemain, un peu dans mes petits souliers, je l'ai vu arriver avec son chapeau, pas souriant du tout.

« Bonjour.

— Bonjour. »

Aucun autre effet de politesse. Il s'est assis devant moi et a démarré son discours :

« Voilà. Je vais tourner un nouveau film. Vous partirez du Havre en train. Vous arriverez à Paris, enfin je vous le souhaite. Et quand vous serez à Paris, le film sera terminé. »

Silence.

« Vous allez parler entre Le Havre et Paris. Ce que vous direz, je n'en sais rien. Acceptez-vous ?

— Oui, fis-je un peu innocemment.

— Alors au revoir monsieur. »

Un peu sonné, je suis retourné à ma cure sans davantage de détails. Je n'ai plus eu de nouvelle de Godard durant les deux ou trois mois suivants. Puis j'ai reçu ma convocation. Elle précisait l'heure et le lieu du tournage de *Soigne ta droite* : « Cinq heures du matin à l'aéroport du Bourget. » Là-bas, on m'a remis un costume d'amiral, mais je ne savais toujours rien de mon rôle ! Avec mes camarades de jeu, j'ai embarqué dans un avion à destination de Nantes, loué pour l'occasion. Nous avons eu la confirmation que le tournage aurait lieu dans les airs, puisque l'appareil a décollé... Autour de nous, les passagers étaient tous joués par des figurants, mais nous ne voyions aucun technicien à l'horizon, à l'exception notable d'une jeune fille complètement exsangue. La pauvre faisait tout : le clap, les trucages, la script, la maquilleuse... ! Et Godard, pendant ce temps, tenait la caméra. Comme un rituel, il la sortait mécaniquement d'une boîte avant de l'essuyer avec des chiffons. Au début des prises, il a prononcé cette phrase extraordinaire aux vrais pilotes :

« Est-ce que vous ne pourriez pas éteindre les moteurs pour que je puisse tourner ? »

Personne n'a compris le sujet des scènes tournées dans cet avion. Les figurants devaient prier... Certains exécutaient simplement les ordres. D'autres surjouaient. À ceux-là, je revois Godard lever la main comme pour les gifler :

« Ce n'est pas parce que monsieur Galabru en fait trop qu'il s'agit de l'imiter.

— D'autant qu'ils n'y arriveront pas », ai-je enchaîné.

Et là, surprise, Godard s'est fendu la gueule ! Reste qu'une fois que nous sommes tous arrivés à Nantes, il nous a annoncé :

« Je n'ai plus besoin de vous. »

J'ai donc cherché une chambre d'hôtel pour me reposer, avant de repartir le soir même pour Paris...

La production de *Soigne ta droite* a nécessité le tournage de quelques scènes supplémentaires, sans que je reçoive la moindre ligne de texte. Avant de rencontrer Godard, je me faisais de lui l'image d'un farfelu dont Belmondo m'avait plusieurs fois parlé. Malgré mon expérience, je n'ai pas su comprendre cet homme cocasse, capable aussi bien de s'engueuler violemment avec tous les journalistes le soir de la première, que de faire le cabot dans toute sa splendeur. J'ai retenu un autre échange que nous avons eu tous les deux à la même époque, qui illustre bien son comique :

« Tâchez de me lire ces vers de Racine, monsieur Galabru.

— Monsieur, je n'ai pas eu le temps de les apprendre, avais-je répondu.

— Je ne vous demande pas de les savoir, mais de les lire. De toute façon, vous serez aussi bon que monsieur Pierre Dux.

— Pierre Dux n'est pourtant pas mauvais.

— Non, mais pas là-dedans. »

D'un univers à l'autre, j'ai signé pour *Poules et frites*, une rigolade de plus sans conséquence. J'ai accepté ce contrat car je reprenais à la même période *La Femme du boulanger* à Marseille et le tournage du film de Luis Rego devait avoir lieu dans le Midi. À la fin de la représentation, une voiture me ramenait dans mon hôtel. Je me couchais après la route aux environs de 1 heure du matin, pour me lever à 6 heures ou 7 heures pour le film. Ce que je jouais, je n'en sais fichtrement rien, parce que j'étais dans les vapes ! *Envoyez violons*, réalisé la même année, ne me dit plus rien non plus !

Poules et frites
Réalisateur : Luis Rego.
Scénario et dialogues : Michel Ehlers, Jacky Berroyer et Luis Rego.
Sortie nationale : 17 juin 1987.
Avec Luis Rego (Roger), Michel Galabru (Martinez), Anémone (Béatrice), Claire Nadeau (Mathilde)...

Soigne ta droite
Réalisateur : Jean-Luc Godard.
Scénario et dialogues : Jean-Luc Godard.
Sortie nationale : 30 décembre 1987.
Avec Jane Birkin (la cigale), Jacques Villeret (l'individu), Jean-Luc Godard (le prince et l'idiot), Michel Galabru (l'amiral), Dominique Lavanant (la femme de l'amiral)...

Envoyez les violons
Réalisateur : Roger Andrieux.
Scénario et dialogues : Michael Elias.
Sortie nationale : 3 août 1988.
Avec Richard Anconina (Frédéric Segal), Anémone (Isabelle Fournier), Martin Lamotte (Franck), Michel Galabru (Dino Pizzoli)...

« Je me suis senti fier de mon interprétation »

Claude Berri et *Uranus* (1990)

Certains moments, dans une vie, sont à marquer d'une pierre blanche. *Uranus* tient une place particulière dans ma carrière, à côté du *Juge et l'Assassin*. C'est l'une des rares fois au cinéma où je me suis senti fier de mon interprétation. Ce film n'avait pas vraiment de relation avec la guerre que j'avais connue, même si j'avais vu des pourris comme Monglat, mon personnage. Réalisateur et producteur, Claude Berri a su réunir des acteurs de talent au service de très bons rôles et d'un texte magnifique. Chaque personnage a quelque chose à défendre dans l'histoire, et je peux dire au nom de tous mes camarades que nous nous sommes tous admirés mutuellement. Je suis heureux d'avoir participé à *Uranus*, ne serait-ce que quatre jours, avec Depardieu, Noiret, Marielle, Prévost, Blanc et tous les autres. Je me souviens encore précisément du tournage du monologue magnifique qu'il m'a été donné d'interpréter. À la fin, Berri, sur le plateau, m'avait demandé :

« Tu veux refaire une prise ?

— Non, je suis désolé, ai-je répondu. Je n'en ferai pas deux. »

En disant les mots, je me suis chialé dessus. Depuis, je ne regarde jamais *Uranus* sans revivre cette émotion.

La même année, j'ai participé au *Provincial*, au *Silence d'ailleurs*, *Feu sur le candidat* ou *Le Jour des rois*. Aucun de ces films ne m'a évidemment laissé une empreinte aussi forte qu'*Uranus*. Comme toujours, j'avais dû signer pour un jour ou deux… Il n'en a pas fallu davantage à Paulette Dubost pour me faire du rentre-dedans ! J'incarnais à l'écran son mari pour *Le Jour des rois* de Marie-Claude Treilhou. Entre deux prises, elle m'avait entendu me plaindre un peu naïvement de mes insuccès auprès des femmes. Je faisais encore une fois mon cabot avec les copains quand, tout d'un coup, elle s'est irritée de mes propos, l'air de dire : « Mais si tu veux venir dans mon lit, mon petit, c'est facile ! »

Des années plus tard, Claude Berri a pensé à moi pour devenir Abraracourcix dans *Astérix et Obélix contre César*. Personne ne se rend vraiment compte encore maintenant de la difficulté de ce rôle. J'étais debout sur un bouclier, et sans trucage ! Ma surface de jeu n'excédait pas un mètre carré… Beaucoup n'auraient pas tenu. Côté coulisses, nous avons baigné dans le luxe : chacun de nous avait sa caravane personnelle à côté du plateau. La mienne n'avait évidemment pas la dimension de celle d'un Depardieu ou d'un Clavier, mais elle était néanmoins très confortable ! Ce projet a eu un retentissement incroyable au moment de sa sortie et, pour une raison que je ne comprends pas, il a disparu. Pour moi, l'aventure *Astérix* s'est arrêtée là. D'autres ont repris mon rôle. Seul est resté Depardieu, irremplaçable et merveilleux Obélix. Claude Berri nous a réunis de nouveau avec *San Antonio* pour d'autres moments d'anthologie, comme cette scène où nous terminons sous le bureau d'une secrétaire…

Le Silence d'ailleurs
Réalisateur : Guy Mouyal.
Scénario et dialogues : Guy Mouyal.
Sortie nationale : 14 février 1990.
Avec Grégoire Colin (Christophe), Clémentine Célarié (Jeanne), Jean-Paul Lilienfeld (Marcel), Michel Galabru (Henri)…

Le Provincial
Réalisateur : Christian Gion.
Scénario et dialogues : Christian Gion et Jean-Louis Richard.
Sortie nationale : 27 juin 1990.
Avec Roland Giraud (Bernard Aragnouet), Michel Galabru (Ernest Cazavant), Gabrielle Lazure (Nathalie Crespin)…

Uranus
Réalisateur : Claude Berri.
Scénario et dialogues : Claude Berri et Arlette Langmann, d'après l'œuvre de Marcel Aymé.
Sortie nationale : 12 décembre 1990.
Avec Gérard Depardieu (Léopold Lajeunesse), Philippe Noiret (Watrin), Michel Blanc (René Gaigneux), Jean-Pierre

Marielle (Archambaud), Danièle Lebrun (madame Archambaud), Michel Galabru (Monglat), Fabrice Luchini (Jourdan)…

Résumé. – Printemps 1945. Dans un petit village de province, Archambaud héberge des communistes et bientôt un ancien milicien, activement recherché. La chasse aux « collabos » ravive les tensions.

Le Jour des Rois

Réalisatrice : Marie-Claude Treilhou.

Scénario et dialogues : Marie-Claude Treilhou et Noël Simsolo.

Sortie nationale : septembre 1991.

Avec Danielle Darrieux (Armande), Micheline Presle (Germaine), Paulette Dubost (Suzanne), Robert Lamoureux (Albert), Michel Galabru (Georges)…

Astérix et Obélix contre César

Réalisateur : Claude Zidi.

Scénario et dialogues : Claude Zidi et Gérard Lauzier, d'après l'œuvre de René Goscinny et Albert Uderzo.

Sortie nationale : 3 février 1999.

Avec Christian Clavier (Astérix), Gérard Depardieu (Obélix), Roberto Benigni (Lucius), Michel Galabru (Abraracourcix), Claude Piéplu (Panoramix)…

San Antonio

Réalisateur : Frédéric Auburtin.

Scénario et dialogues : Laurent Touil-Tartour, d'après l'œuvre de Frédéric Dard.

Sortie nationale : 21 juillet 2004.

Avec Gérard Lanvin (Antoine San-Antonio), Gérard Depardieu (Bérurier), Patrick Médioni (Van Gogh), Valeria Golino (l'Italienne), Michel Galabru (Achille), Bill Barclay (l'Écossais)...

Commentaire. – En 2013, Michel Galabru a partagé l'affiche des *Invincibles* avec Gérard Depardieu, une comédie signée Frédéric Berthe, dans l'univers de la pétanque.

« Je ne peux pas jouer en espagnol ! »

Penélope Cruz et *Belle Époque* (1994)

À la suite des très jolies *Eaux dormantes* avec Philippe Caroit, j'ai eu l'occasion de partir à la découverte de l'Espagne. Après l'Italie, l'Amérique ou l'Inde, j'avais reçu une proposition pour tourner *Belle Époque*. Au moment de signer les contrats, j'avais pris bien soin de prévenir la production :

« Moi, je ne peux pas jouer en espagnol. Je vous avertis tout de suite. J'espère que je jouerai en français.

— Aucun souci », m'avait-on répondu.

Et je n'ai reçu aucun texte, du moins jusqu'à la veille du tournage. Une fois que mes valises ont été posées dans ma chambre d'hôtel, quelqu'un a glissé les feuillets du scénario sous ma porte aux alentours de 23 heures. Ils étaient écrits en espagnol ! J'aurais dû me plaindre tout de suite, mais j'ai fermé ma gueule. Au lieu de m'indigner, j'ai préféré répéter toute la nuit avec ma femme, Claude, fort heureusement licenciée en espagnol. À ma place, beaucoup d'acteurs auraient refusé de jouer le lendemain, d'autant plus que ma première scène se déroulait autour d'une table de petit déjeuner, avec toutes les actrices, dont Penélope Cruz. Je l'ai jouée avec plaisir, sans faire de scandale, bien que je n'aie pas tellement apprécié la méthode. On m'avait mis le couteau sous la gorge...

Les Eaux dormantes
Réalisateur : Jacques Tréfouel.
Scénario et dialogues : Yves Ellena et Jacques Santamaria, d'après l'œuvre de Boileau-Narcejac.
Sortie nationale : 18 novembre 1992.
Avec Philippe Caroit (Denis de Lespinière), Ludmila Mikaël (Eva), Danièle Delorme (madame de Lespinière), Michel Galabru (Fouchard)...

Belle Époque
Réalisateur : Fernando Trueba.
Scénario et dialogues : Rafael Azcona, José Luis Garcia Sanchez et Fernando Trueba.
Sortie nationale : 3 février 1999.
Avec Penélope Cruz (Luz), Miriam Diaz-Aroca (Clara), Gabino Diego (Juanito), Michel Galabru (Danglard), Ariadna Gil (Violeta)...
Résumé. – 1931. Jeune déserteur, Fernando échappe à des gendarmes avant de trouver refuge chez Manolo et ses quatre filles.

« À croire que je devais jouer convenablement »

À la télévision : des *Mouettes* à *Maguy* et *Chaudemanche* (1987-2010)

Pour beaucoup d'acteurs, la télévision et le cinéma n'ont jamais eu la même valeur. Dès le début de ma carrière, j'ai fait beaucoup de dramatiques pour gagner ma vie et exercer mon métier. Et que ce soit le petit ou le grand écran, j'ai ensuite accepté tous les cachets qui m'étaient proposés. Inutile de tergiverser !

Au carrefour des années 1990, la télévision faisait plus appel à moi que le cinéma. Je ne faisais pas la fine bouche. *La Révolution française*, *L'Enfant de la colère*, *L'Argent* d'après Zola, *Le Ravissement de Scapin*... Certains projets étaient peut-être moins intéressants que d'autres...

Parmi mes plus beaux projets pour le petit écran, *La Lettre perdue* a connu un succès notable en 1987. Le sujet, écrit par Jean-Louis Bertuccelli, était très beau et touchant, construit autour d'un enfant condamné par la maladie. Sur le tournage, nous savions évidemment que l'enfant n'était pas mourant, mais nous avons tous fini par chialer quand même entre les prises ! En règle générale, l'ambiance sur les plateaux est plutôt à la rigolade entre les copains. Là, nous imaginions dans quelle situation nous aurions nous-mêmes été en tant que parents. Les téléspectateurs ont eux aussi été pris par l'atmosphère de ce film particulier.

Au-delà de téléfilms, j'apparais aussi fugacement dans plusieurs séries populaires comme *Marc et Sophie* et *Les Enquêtes du commissaire Maigret*. Les producteurs de *Maguy* m'ont également offert un petit rôle sans conséquence, avec Rosy Varte et Jean-Marc Thibault. J'ai fait un épisode étonnant de *Sueurs froides* aux côtés de Zabou, une collection présentée par Claude Chabrol. Lui, en revanche, ne m'a jamais engagé, pas même pour une ligne ! Ma très grande amie Bernadette Lafont s'en était d'ailleurs étonnée. Elle avait organisé une rencontre avec Chabrol. À table, il a fait beaucoup de pitreries, mais ne m'a pas engagé pour autant. Comme à mon habitude, je n'ai pas cherché à faire une seule démarche pour obtenir un rôle. Si on a besoin de moi, tout le monde le sait, il suffit de me téléphoner et j'arrive.

Aucun producteur ne m'a jamais distribué pour incarner un héros récurrent, comme l'ont fait Mondy, Hanin ou Rochefort. Il y a eu quelques essais avec *Deux flics à Belleville* ou *Antoine Rives*, mais pour des rôles uniquement secondaires. Je ne place pas *Les Mouettes* et ses suites (*Honorin et la Loreleï*, *Polly West est de retour* et *Honorin et l'enfant prodigue*) dans la catégorie des séries télévisées. Jean Chapot nous réunissait tous les ans pour un épisode. À chaque fois, le village provençal où était planté le décor accueillait un invité prestigieux, comme Line Renaud, Grâce de Capitani ou Macha Méril. Chapot avait le sens du spectacle et les téléspectateurs nous suivaient toujours. Nous n'avons pas su pourquoi tout s'est arrêté après *Honorin et l'enfant prodigue.*

Autre figure du petit écran, Agnès Delarive m'a fait participer à *L'Histoire de la révolution*, avant son film *Feu sur le candidat*, sur un scénario de Didier Van Cauwelaert, et à *Marceeeel !* où apparaissent aussi Darry Cowl et Philippe Clay, deux vieux complices. Il y a eu tellement de productions que mes souvenirs s'échappent et les images se brouillent... *Les Taupes-niveaux*, *Le Mas Théotime*, *Le Blanc et le rouge*, *À deux c'est plus facile* et j'en oublie tellement... Reste un titre qui se distingue plus que les autres : *Chaudemanche, père et fils.* J'aime toujours ces histoires de terroir et Joël Séria a fait du très bon travail. Nous nous sommes retrouvés avec *Mumu* en 2010.

Sans même m'en rendre compte, je suis devenu une petite personnalité qui s'invitait le soir dans les foyers. À croire que je devais jouer convenablement.

Les Enquêtes du commissaire Maigret
Diffusion TV : 1984 sur Antenne 2.
Avec Jean Richard.
Commentaire. – L'épisode dans lequel apparaît Michel Galabru s'intitule « La nuit du carrefour ».

L'Enfant de la colère
Réalisateur : Jean Sagols.
Scénario et dialogues : Jean Sagols et Michel Tourneur.
Diffusion TV : 1986.
Avec Thierry Vachon (Antoine), Michel Galabru (Camille), Rebecca Pauly (Hélène)...
Commentaire. – *L'Enfant de la colère* est inspiré de l'histoire familiale de Jean Sagols. En 1980, le réalisateur avait déjà tourné avec Michel Galabru, pour la télévision, dans *La Grande Chasse*.

La Lettre perdue
Réalisateur : Jean-Louis Bertuccelli.
Scénario et dialogues : Jean-Louis Bertuccelli, Christian François et Isabelle Mergault.
Diffusion TV : 1987 sur Antenne 2.
Avec Michel Galabru (Alberto), Raphaëlle Spencer (Isabelle), Eva Darlan (Caroline), Patachou (madame Harvey)...
Résumé. – Un homme solitaire entreprend une correspondance avec une petite fille malade, à la suite d'une lettre perdue qui ne lui était pas destinée.

Marc et Sophie
Diffusion TV : 1987 sur TF1.
Avec Gérard Rinaldi (Marc) et Julie Arnold (Sophie).
Commentaire. – L'épisode dans lequel apparaît Michel Galabru s'intitule « Un après-midi de chien ».

Maguy
Diffusion TV : 1987 sur TF1.
Avec Rosy Varte (Maguy) et Jean-Marc Thibault (Georges).
Commentaire. – L'épisode dans lequel apparaît Michel Galabru s'intitule « Le Coffre-fort ».

Sueurs froides
Diffusion TV : 1988 sur Antenne 2.
Avec Zabou Breitman (Fanny) et Michel Galabru (Jacques Chalmont).
Commentaire. – L'anthologie policière a été présentée par Claude Chabrol. L'épisode dans lequel apparaît Michel Galabru s'intitule « La Chute ».

L'Argent
Réalisateur : Jacques Rouffio.
Scénario et dialogues : Claude Brulé, d'après l'œuvre d'Émile Zola.
Diffusion TV : 19 octobre 1988 sur FR3.
Avec Claude Brasseur (Saccard), Miou-Miou (Caroline Hamelin), Michel Galabru (Daigremont)...

Le Ravissement de Scapin
Réalisateur : Georges Folgoas, d'après Molière.
Diffusion TV : 25 décembre 1989.
Avec Michel Creton (Scapin), Francis Perrin (Argante), Jacques François (Géronte), Michel Galabru (l'aubergiste), Philippe Clay (Sylvestre)...

La Révolution française
Réalisateur : Robert Enrico et Richard T. Heffron.
Scénario et dialogues : David Ambrose, Daniel Boulanger, Robert Enrico, Richard T. Heffron et Fred A. Wyler.
Diffusion TV : 25 octobre 1989 sur Antenne 2.
Avec Klaus Maria Brandauer (Danton), Jane Seymour (Marie-Antoinette), François Cluzet (Camille Desmoulins), Jean-François Balmer (Louis XVI)...
Commentaire. – Dans cette mini-série, Michel Galabru interprète l'abbé Maury, dans l'épisode « Les Années-lumière ».

L'Histoire de la révolution
Réalisatrice : Agnès Delarive.
Scénario et dialogues : Arthur Conte.
Diffusion TV : 1989.
Avec Michel Fortin (Mirabeau), Ronny Coutteure (Louis XVI), Claudine Coster (Marie-Antoinette), Michel Galabru (un passant)...

Feu sur le candidat
Réalisatrice : Agnès Delarive.
Scénario et dialogues : Didier Van Cauwelaert.
Sortie nationale : 4 juillet 1990.
Avec Patrick Chesnais (Jean-Marcel Mazzetti), Michel Galabru (Robert Cavaillon), Bernard Le Coq (le commissaire Tamard), Judith Magre (Huguette Cavaillon)...

Deux flics à Belleville
Réalisateur : Sylvain Madigan.
Scénario et dialogues : Alexis Lecaye.
Diffusion TV : 13 décembre 1990.
Avec Patrick Timsit (Simon Hadad), Kader Boukhanef (Karim Hadad), Michel Galabru (le commissaire Santucci)...
Résumé. – À la suite d'une erreur, deux jeunes recrues de la police portant le même nom arrivent pour le même emploi.

Les Mouettes
Réalisateur : Jean Chapot.
Scénario et dialogues : Jean Chapot et Nelly Kaplan.
Diffusion TV : 28 janvier 1991 sur TF1.
Avec Michel Galabru (Honorin, le maire), Macha Méril (madame Rose), Corinne Cléry (Léone), Roger Dumas (Marceau), Roger Carel (le curé)...
Résumé. – 1925. Dans un village, l'arrivée de madame Rose et ses filles trouble le calme provençal. Les habitants comprennent que ces arrivantes viennent d'une maison close de Marseille.
Commentaire. – À la suite du succès de ce téléfilm, Jean Chapot a réalisé plusieurs suites : *Honorin et la Loreleï* (1992, avec Grâce de Capitani), *Polly West est de retour* (1993, avec Line Renaud) et *Honorin et l'enfant prodigue* (1994, avec Claire Borotra). Dans chaque épisode, Michel Galabru endosse le costume d'Honorin.

Les Taupes-niveaux
Réalisateur : Jean-Luc Trotignon.
Scénario et dialogues : Jean-Luc Trotignon et Christian Dob.

Diffusion TV : 1992.

Avec Zabou Breitman (Claire), Martin Lamotte (Charognat), Chick Ortega (Popeye), Michel Galabru (Boulard)...

Antoine Rives, juge du terrorisme

Diffusion TV : 1993 sur France 2.

Avec Jacques Weber (Antoine Rives), Jean-Pierre Bisson (le commissaire Bellec), Isabelle Renaud (Hélène Rives), Michel Galabru (le ministre de l'Intérieur)...

Commentaire. – Outre cette série, qui comporte six épisodes, Michel Galabru a participé à *SOS Disparus* (1990), *Clovis* (1993) et plus récemment, dans un autre genre, *Profilage* (2012), *Scènes de ménages* (2012) et *Nos chers voisins* (2015).

Le Mas Théotime

Réalisatrice : Philomène Esposito.

Scénario et dialogues : Philomène Esposito et Jacques Forgeas, d'après l'œuvre d'Henri Bosco.

Diffusion TV : 1995 sur France 3.

Avec Michel Galabru (Clodius), Jean-Claude Adelin (Pascal), Florence Thomassin (Geneviève), Raoul Billerey (père Alibert)...

Chaudemanche, père et fils

Réalisateur : Joël Séria.

Scénario et dialogues : Joël Séria.

Diffusion TV : 13 mai 1996 sur France 2.

Avec Michel Galabru (Eugène), Eva Mazauric (Mado), Jacques Frantz (Antoine), Jeanne Goupil (Germaine)...

Résumé. – Vieux et entêté, Eugène Chaudemanche distille clandestinement de l'eau-de-vie de pomme, « le meilleur tord-boyaux local, le liquide de l'extase ». Il entend bien que son fils perpétue la tradition.

Marceeel !!!
Réalisatrice : Agnès Delarive.
Scénario et dialogues : Claude Cauwet et André Naudin.
Diffusion TV : 16 mars 1998 sur France 2.
Avec Michel Galabru (Marcel), Philippe Clay (Dédé), Darry Cowl (Dominique)...

Le Blanc et le rouge
Réalisateur : Jean-Louis Lorenzi.
Scénario et dialogues : Jean-Louis Lorenzi et Marcel Jullian.
Diffusion TV : 23 décembre 2000 sur France 3.
Avec Michel Galabru (Lucien Sorgue), Paul Le Person (Jean-Baptiste), Véronique Silver (Madeleine), Marie Ravel (Marie)...

À deux c'est plus facile
Réalisatrice : Émilie Deleuze.
Scénario et dialogues : Laurent Guyot, Émilie Deleuze et Maïté Maillé.
Diffusion TV : 4 juin 2010 sur Arte.
Avec Michel Galabru (Joseph), Luce Radot (Marilyn), Alexandra Stewart (Madeleine), Venantino Venantini (un ami)...
Commentaire. – Entre la fin des années 1980 et 2015, Michel Galabru est apparu au générique de nombreuses

autres fictions : *Les Disparus de Saint-Agil* (1991), *Un beau petit milliard* (1992), *Double peine* (1996), *L'Empire du taureau* (1997), *Des mouettes dans la tête* (1997), *Rachel et ses amours* (1997), *Le Faiseur* (1999), *Léopold* (2000), *Le Silence de la mer* (2004), *Coup de vache* (2004), *Les Amants de la dent blanche* (2006), *Henry Dunant* (2006), *Le Bon Samaritain* (2011)...

Mumu
Réalisateur : Joël Séria.
Scénario et dialogues : Joël Séria.
Sortie nationale : 24 mars 2010.
Avec Sylvie Testud (Mumu), Balthazar Dejean de La Bâtie (Roger Lantier), Jean-François Balmer (le curé), Michel Galabru (Gatineau)...

Bibliographie
(ouvrages de Michel Galabru)

Tout est comédie, propos recueillis par Sophie Galabru, Cherche Midi, 2013.
Je ne sais pas dire non !, Michel Lafon, 2011.
Rire c'est vivre, Le Grand Livre de l'humour présenté par Michel Galabru, Sélection du Reader's digest, 2005.
Vous m'avez compris. Pensées, répliques et anecdotes, Cherche Midi, 2003.
Trois petits tours et puis s'en vont…, mémoires, Flammarion, 2002.
Galabru raconte Guitry, Flammarion, 2001.
Galabru raconte Pagnol, Flammarion, 1999.
Je l'ai perdue au 18, autobiographie, éditions Harca, 1996.

Remerciements

Isabelle Lerein, Jean-Luc Borras, toute l'équipe d'Hors Collection, Jérôme Roulet et Claire.

Table des matières

MIXTE
Papier issu de
sources responsables
FSC™ C003309
FSC
www.fsc.org

Composition et mise en pages
Nord Compo à Villeneuve-d'Ascq

Imprimé en France par Normandie Roto s.a.s. à Lonrai (Orne)
en janvier 2016
Dépôt légal : janvier 2016
N° d'impression : 1506083